古墳編年の基準資料
<構成／石野博信>

「中平」年銘鉄刀
東大寺山古墳

奈良県天理市にある全長140mの前方後円墳。後円部の粘土槨棺外から多くの副葬品とともに「中平」銘鉄刀が検出されている。この銘文によれば、後漢末の中平年中(184〜189年)につくられた刀であり、それが奈良県の4世紀後半の古墳に副葬されていた。したがって、日本の古墳の実年代を直接決める資料とはなりえないが、おそらく作刀年代に将来されて伝世ののち副葬されるに至った経過は重要である。

家形飾付銅製環頭
銅製環頭は全部で5個出土しており、「中平」銘鉄刀は鳥形飾である。

金象嵌銘鉄刀(「中平□□五月丙午造作」)

竪穴式石室　前島己基氏提供

「景初三年」銘鏡
神原神社古墳

島根県加茂町にある35×30ｍの方形墳。埋葬施設は内法長5.8ｍの竪穴式石室で、棺内から刀剣・鉄鏃・農工具とともに「景初三年」銘の三角縁神獣鏡が検出されている。景初三年(239)は邪馬台国女王卑弥呼が魏に遣使した年であり、和泉黄金塚古墳の同銘鏡とともに注目される。石室に接して土器埋納坑があり、石室蓋石上から土器と器台状埴輪が出土している。

三角縁神獣鏡(径22.8cm)
(「景初三年陳是作鏡」)
文化庁保管

器台状埴輪
文化庁保管

土師器
文化庁保管
前島己基氏提供

土師器
文化庁保管
前島己基氏提供

銀象嵌銘大刀
江田船山古墳

熊本県菊水町こにある全長61mの前方後円墳。後円部に5世紀に盛行する横口式家形石棺があり、明治6年の発掘で銀象嵌銘大刀・画文帯神獣鏡・金銅製冠帽などが出土している。大刀銘文の大王名はかつて「獲□□□歯」と読まれ、反正天皇に当てられていたが、埼玉県稲荷山古墳鉄剣銘の出土によって「獲加多支歯」(雄略天皇)説が有力視されている。

古墳全景（菊水町教育委員会提供）

横口式家形石棺（菊水町教育委員会提供）

画文帯神獣鏡（径20.6cm）
東京国立博物館所蔵

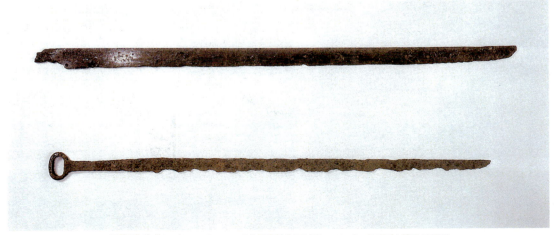

銀象嵌銘大刀（上、長85.1cm）と環頭大刀（長82.7cm）東京国立博物館所蔵

山ノ上古墳

「辛巳歳」の碑文

群馬県高崎市にある円墳で、唐尺で割り切れる凝灰岩切石の横穴式石室をもつ。墳側に山ノ上碑が建つ。石碑は総高112cmで、天武9年（681）に放光寺の長利僧がその母黒売刀自のために建立したことが刻まれている。山ノ上碑は山ノ上古墳のために建てられたものであり、古墳の実年代がわかる確実な資料である。

（写真はいずれも高崎市教育委員会提供）

山ノ上碑（「辛巳歳集月三日記」）

古墳全景

截石を積み上げた石室内部

季刊 考古学 第10号

特集 古墳の編年を総括する

●口絵(カラー) 古墳編年の基準資料

東大寺山古墳 「中平」年銘鉄刀

神原神社古墳 「景初三年」銘鏡

江田船山古墳 銀象嵌銘大刀

山ノ上古墳 「辛巳歳」の碑文

(モノクロ) 鳥居原狐塚古墳・和泉黄金塚古墳

石上神宮・柴崎蟹沢古墳・安倉高塚古墳

隅田八幡神社・稲荷山古墳

箕谷2号墳・岡田山1号墳

古墳編年の展望————————石野博信 *(14)*

遺構・遺物による古墳の編年

墳丘と内部構造による編年————————泉森 皎 *(16)*

副葬品による編年————————田中晋作 *(21)*

円筒埴輪による編年————————関川尚功 *(24)*

土師器による編年————————岩崎卓也 *(27)*

須恵器による編年————————中村 浩 *(30)*

地域における編年

筑紫————柳沢一男 *(34)*　　　肥前————蒲原宏行 *(36)*

吉備	正岡睦夫 (38)	三河・遠江		
出雲	前島己基 (40)		鈴木敏則・中嶋郁夫	(64)
讃岐	玉城一枝 (42)	信濃	笹沢 浩	(66)
播磨	櫃本誠一 (44)	甲斐	萩原三雄・橋本博文	(68)
但馬	瀬戸谷晧 (46)	武蔵	横川好富	(70)
摂津	森田克行 (48)	房総	椎山林継	(72)
河内・和泉	一瀬和夫 (50)	常陸	茂木雅博	(74)
大和	河上邦彦 (52)	上野	石塚久則	(76)
山城	平良泰久 (56)	磐城・岩代		
若狭	入江文敏 (58)		生江芳徳・穴沢咊光	(78)
伊賀・伊勢	水口昌也 (60)	陸前	氏家和典	(80)
美濃・尾張	赤塚次郎 (62)			

古墳の被葬者と実年代

古墳の被葬者 ──────── 和田 萃 (82)
古墳の実年代 ──────── 菅谷文則 (87)

最近の発掘から

弥生時代の銅剣埋納遺跡 島根県荒神谷遺跡 ──── 三宅博士・足立克己 (91)
大津宮時代前後の寺院跡 滋賀県穴太廃寺 ──── 大橋信彌 (97)

書評 ──────── (99)
論文展望 ──────── (102)
文献解題 ──────── (104)
学界動向 ──────── (107)

表紙デザイン／目次構成／カット
／サンクリエイト・倉橋三郎
表紙写真／八女市教育委員会 提供

「赤烏元年」銘鏡
鳥居原狐塚古墳

山梨県三珠町にある径18m余の円墳。埋葬施設は割石小口積の竪穴式石室らしく、石室内から仿製内行花文鏡・刀剣・滑石製臼玉などとともに赤烏元年（238）銘鏡が出土している。

半円方形帯神獣鏡
（「赤烏元年五月廿五日丙午造作」）

「景初三年」銘鏡
和泉黄金塚古墳

古墳全景（末永雅雄氏提供）

半円方形帯神獣鏡
（「景初三年」）

大阪府和泉市にある全長85mの前方後円墳。後円部に3基の粘土槨があり、中央槨の「木棺外の棚状部」から刀剣や工具とともに「景初三年」銘鏡が出土した。魏の鏡としての性格づけと年代の基準とする場合、棺外副葬品である点に留意しなければならない。

金象嵌七支刀	「正始元年」銘鏡
# 石上神宮	# 柴崎蟹沢古墳

重列式神獣鏡（径22.7cm、「正始元年」）
東京国立博物館所蔵

群馬県高崎市にある径12mほどの円墳。埋葬施設は粘土槨らしいが、副葬品の中に正始元年銘鏡がある。正始元年（240）は魏の年号で、魏志によれば楽浪太守弓遵が倭に使を遣した年にあたる。

「赤烏七年」銘鏡
安倉高塚（鳥島）古墳

七支刀（全長75cm）
（「泰和四年四月十一日」）
石上神宮所蔵

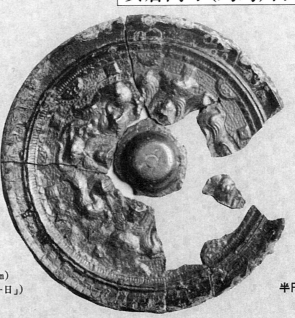

半円方形帯神獣鏡（径17.2cm）
（「赤烏七年」）保育社提供

奈良県天理市の石上神宮に伝わる鉄剣。全長75cmの身の両側に3個ずつの枝刀をもち、金象嵌で泰和4年（369）に百済の王が倭王のためにつくられたことが記されている。神功紀52年条の、百済から貢上されたという七枝刀と一致するものと考えられている。

兵庫県宝塚市にある径17mほどの円墳。墳丘中央部からやや離れて河原石積の竪穴式石室があり、内行花文鏡・玉・刀剣などとともに赤烏七年（244）銘鏡が出土している。「赤烏」は呉の年号であり、鳥居原狐塚古墳とともに卑弥呼遣使の頃に魏だけではなく呉との交渉もあったことを示している。

「癸未年」銘鏡
隅田八幡神社

人物画像鏡
(「癸未年八月日十大王年」)
隅田八幡神社所蔵

和歌山県橋本市の隅田八幡神社に伝わる仿製鏡。銘文の「癸未年」は443年か503年と考えられており、したがって「大王」は允恭天皇か継体天皇に相当する。

「辛亥」年銘鉄剣
稲荷山古墳

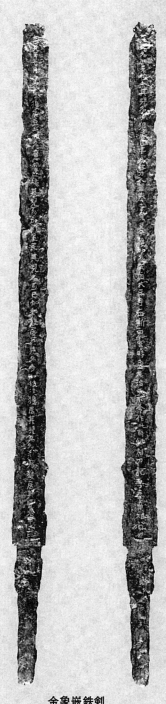

金象嵌鉄剣
(「辛亥年七月中記」)

古墳全景

埼玉県行田市にある全長120mの前方後方墳。後方部の礫槨から他の刀剣類とともに「辛亥」年銘鉄剣が出土した。辛亥年については471年と531年の2説があるが、銘文の内容からいっても古墳築造に近い年代の作刀であり、古墳の実年代を知る上で一等の資料である。

「戊辰」年銘大刀
箕谷2号墳

写真提供／八鹿町教育委員会

兵庫県八鹿町にある径15mの円墳。長さ9.4mの横穴式石室内から金銅装馬具・刀・鉄鏃・耳環などとともに「戊辰」年銘をもつ金銅装大刀が出土した。戊辰年はおそらく推古16年(608)に相当し、有銘大刀は2号墳の追葬段階に副葬されたものと思われる。

銘文大刀X線写真
(『戊辰年五月□』)

2号墳全景

「額田部臣」銘大刀
岡田山1号墳

島根県松江市にある全長27mの、6世紀後半の前方後方墳。後円部に横穴式石室があり、石室内に家形石棺がおかれている。石室内から鏡・大刀・馬具などとともに「各田ﾉ臣」などの銘文のある円頭大刀が出土している。

銘文大刀X線写真
島根県教育委員会提供

古墳全景

銘文大刀(現長約80cm) 島根県教育委員会提供

季刊 考古学

特集

古墳の編年を総括する

特集 ● 古墳の編年を総括する

古墳編年の展望

奈良県立橿原考古学研究所　石野博信
（いしの・ひろのぶ）

実年代の基準となりうる古墳は江田船山，岩戸山，稲荷山，天武・持統陵などに限られるが，これとて問題点がないわけではない

　なぜ，古墳の編年が必要なのか。古墳時代は，弥生時代と飛鳥・奈良時代の間の日本史上の時代区分として定着しており，古墳は古墳時代を象徴する政治的記念物だからである。古墳を編年することによって，古墳時代の政治史を解きあかすことが可能だからである。

　しかし，古墳は古墳時代のすべてではない。集落・生産・祭祀などにかかわる多くの遺構が存在しそれらによって古墳時代史が成り立っている。したがって，古墳時代の時期区分は，これらを総合して行なうべきであり，墓の変遷だけで時代が語れるものではない。ただし，本特集では，冒頭に述べた古墳の本来的性格を理由として，古墳そのものの相対的編年をめざそうとするものである。

　古墳には，立地・墳形・埴輪・埋葬施設・副葬品などの種々な要素がある。

　前期古墳は高所に，中期古墳は平地に，後期古墳は山麓・丘陵にという一般的傾向は必ずしも認められない。古墳出現期には，弥生時代以来の墳墓立地の系譜をひいて，集落縁辺部に大型古墳を築造する例（奈良県箸墓古墳など）があり，後期には平地の小型墓群の存在を推測しうる。それぞれ一定領域の中での古墳，ならびに古墳群の立地の意味が求められねばならない。

　前方後円墳が前・中・後期を通じて形態変遷していることは古くから指摘され，築造企画については近年多くの人々によって検討されている。築造企画は，単に平面形だけではなく，立面形を加味した研究へと進む傾向が認められることは妥当である。その結果，左右対称で段築をもつ整然とした前方後円墳は必ずしも多くはなく，箸墓古墳の前方部側面の無段築[1]，渋谷向山古墳（「景行陵」）の前方部端外郭の方形壇付設[2]をはじめ，中期大型前方後円墳にも左右非対称（片直角）の形態[3]が認められるなど変異型が多い。このことは，平均的に求められた「定型化した前方後円墳」が成立したあとにも，「非定型」の大王墓が存在することを示していて，「定型化した前方後円墳」の変遷を追う利点の中にひそむ危険性を示すものであろう。

　石・粘土・礫などによる棺被覆施設（石室・粘土槨・礫槨など）の形態変遷は依然として有効である。首長権継承儀礼の復元という視点[4]から，棺被覆施設の構造，例えば竪穴式石室の石積中断面の有無と同面の副葬品の有無などを認識することによって，石室の機能的変遷にせまりうるのではないかと思われる。それは，横穴式石室内の副葬品の原位置の復元的研究[5]の必要性を示す。いま見ることができる石室の床面積・室内空間が，儀礼の場として，あるいは骨化の場としての必要性から生まれたのか，それは石室内の棺配置[6]，遺体の原位置（一次葬か二次葬か），副葬品の原位置を含めて検討することによって，単なる石室形態の編年ではなく，石室の機能の変遷を追究することが可能であろう。

　副葬品個々の編年研究は従来も行なわれてきたし，当然のことながら今後も必要である。一方，すでに述べたように，葬儀の変遷という視点からは着装品と副葬品の区別，副葬品の埋置状態，組み合わせなどの実態把握が重要である。例えば，

中期古墳への武器の多量副葬と言われている中で，京都府恵解山古墳[7]のように容易に曲げることのできる——焼入れをしていない同形同大の多量の刀剣類は，当初から「明器」として製作され，納置された可能性を示している。このことは，5世紀における葬儀に対する考え方の変革を示すものであり，実用武器の多量納置とは全く次元の異なる現象であって，時期区分の指標となりうる。前期古墳の宝器的明器から，中期古墳の実用的明器への変革が指摘できるかもしれない。さらに刀剣だけで考えれば，5世紀後半から6世紀に実例が知られている有銘刀剣の納置は，武器型明器の多量副葬から，一種の墓記とも考えられている有銘刀剣の象徴的副葬への変化と考えることも可能であろう。このような副葬品の質的編年は，副葬品個々の形式学的研究の基礎の上に築きあげて行かねばならないだろう。

　古墳時代の実年代は，いまもゆれ動いている。かつて基準とされた「応神・仁徳陵」は，文献に記されている応神・仁徳天皇の年代をもとに実年代の基準とすることは難しい。いま，古墳時代の実年代の基準となりうる古墳は，熊本県江田船山古墳，福岡県岩戸山古墳，埼玉県稲荷山古墳，奈良県天武・持統陵，群馬県山の上古墳などに限られる。これらの古墳にしても厳密にはいくつかの問題点をかかえている。

　江田船山古墳の鉄刀銘文の大王名は永い研究史ののち福山敏男氏によって「治天下狻□□□歯」と読解され，定説化していたのが，稲荷山古墳鉄剣銘の出現によって一夜にして「獲加多支歯」に変更され新たな定説として流布している。確かに稲荷山古墳銘文の検出と検討は画期的なことであり，新釈読の信憑性が高いとしても，また再び一夜にして，の危惧がある。「反正天皇」を「雄略天皇」に変更し，江田船山古墳の石棺や副葬品に実年代を与え，実年代の基準資料としてもたれかかってよいものだろうか。

　福岡県岩戸山古墳を磐井の墓とすることに対する疑義については，菅谷文則氏の検討がある（季刊考古学　本号）。菅谷氏は，風土記編纂段階の磐井墓説が検証されたのであって，真実の磐井墓の比定とは区別すべきであることを主張された。いま岩戸山古墳＝磐井墓説は定説化しており，岩戸山古墳出土の須恵器に実年代を与え，同型須恵器出土古墳の実年代の根拠としていることが多い。

結果として岩戸山古墳＝磐井墓であるとしても，そこにいたる道程は，より慎重にすべきであるという菅谷氏の指摘はきくべきであろう。

　埼玉県稲荷山古墳については，検出の当初から「辛亥年」が西暦471年か531年かについて議論があり，現在も決着していない。加えて，くびれ部出土の須恵器群が有銘鉄剣を伴出した礫槨被葬者の葬送にともなうものか，礫槨に先行する中心埋葬施設にともなうものかも明らかではない。私は，くびれ部の須恵器群が一形式にまとまっているので数次の追祭祀にともなうものではないこと，中心埋葬施設にともなうとすれば，「辛亥年」よりは古い一群であり，礫槨にともなうのであれば，「辛亥年」に近い年代を与えうることから，いずれの場合でも従来の須恵器実年代観をひき上げるべきことを示している資料だと考えている。それにしても，さきに示した疑義と有銘鉄剣の性格にかかわる「辛亥年」と鉄剣副葬年次の差も未解決であり，慎重さが要求される。

　「実年代の基準となりうる古墳」の問題点を述べたが，それは基準となりうるが故の試練であり，現段階ではこれらの課題を念頭においた上で，実年代比定の基準とすべき古墳であることに変わりはない。多くの古墳の諸要素と比較検討した上で，広く及ぼしていかねばならない。

　（なお，本特集の各地域の古墳編年表に，西暦年号を記入しているが，各古墳の年代観は各執筆者の考え方であり，全く統一していない。本編年表が各地域で討議の対象となり，数ヵ月あとにその結果を本誌に集約することができれば幸いである）。

註
1)　白石太一郎・春成秀爾・杉山晋作・奥田　尚「箸墓古墳の再検討」国立歴史民俗博物館研究報告，3，1984
2)　石野博信「前期古墳周辺区画の系譜」（第4図）森貞次郎博士古稀記念古文化論集，1982
3)　宮川　徙「前方後円墳築造企画の『基準尺度』について」橿原考古学研究所論集，4，吉川弘文館，1979
4)　石野博信「4・5世紀の祭祀形態と王権の伸張」ヒストリア，75，1977
5)　伊達宗泰・岡幸二郎・菅谷文則『烏土塚古墳』奈良県教育委員会，1972
6)　森岡秀人「追葬と棺体配置—後半期横穴式石室の空間利用原理をめぐる二・三の考察」関西大学考古学研究室開設30周年記念　考古学論叢，関西大学，1983
7)　長岡京市教育委員会編『史跡恵解山古墳』長岡京跡発掘調査研究所，1981

特集 ● 古墳の編年を総括する

遺構・遺物による古墳の編年

古墳の編年は一体何を手がかりに求めることができるだろうか。形態と内部構造，副葬品，埴輪，土器について検討してみよう

墳丘と内部構造による編年／副葬品による編年／円筒埴輪による編年／土師器による編年／須恵器による編年

墳丘と内部構造による編年 ■ 泉森　皎
橿原考古学研究所
（いずもり・こう）

応神，仁徳，履仲陵を5世紀前半の中期型古墳として編年基準に位置づけ，その前後を型式学的に並べる研究が進んでいる

1　はじめに

　現存する多くの古墳の中で，年代の基準となるものはどれで，それはどのような理由によるものであろうか。
　かつて喜田貞吉博士は「代表の標準たるべき古墳墓」として6基の古墳をあげられた。6基の古墳とは (1) 檜隈大内陵，(2) 聖徳太子墓，(3) 安閑天皇陵，(4) 仁徳天皇陵，(5) 応神天皇陵，(6) 箸陵（箸墓）であって，文献資料の比較によって基準とすべき古墳であることを説明した[1]。
　今日，この6基の古墳を喜田貞吉博士が唱えられたように，陵墓名となっている天皇や皇子が即，その古墳の被葬者と考える人は少ない。現在宮内庁で治定されている天皇陵名に「○○陵古墳」と称したり，「大山古墳」と地名を付けて呼ぶのもそのような理由からであろう。
　これらの内でも，檜隈大内陵を天武・持統合葬陵に，現在の聖徳太子墓を穴穂部間人皇后・聖徳太子・同妃の合葬墓，応神天皇陵を応神天皇の陵墓とみてもさしつかえないと言う考え方が一般的である。他の3基は否定も肯定もできないものや，考古学的にみた築造年代と，崩御年代とに大きな差がないとみられるものである。喜田貞吉博士が，新しい順にならべた古墳の編年観はさほど大きな修正を加えなくとも生きていると言えよう。
　次に前方後円墳の形式的変遷を大系づけた浜田耕作博士の説を紹介しよう。博士は前方後円墳の起源問題を研究する上で，前方後円墳を形式的にとらえ，発達変遷の順序を設定したものであった[2]。
　(1)　崇神・景行天皇陵を標式とするもの。これは割合に高い円墳が主で，その前方に低く細長い墳丘を付設するもの……柄鏡式古墳
　(2)　(1)の古式の様相を残しているが，前方部の発達は顕著でないが，わずかに広さと高さを増してきたもの。日葉酢媛命陵，成務天皇陵をその代表とする。
　(3)　前方部の発達は著しく，前方部幅と高さとが増大して，後円部の高さと径に匹敵する規模をもつもの。仁徳・応神天皇陵を代表とする。
　(4)　後円部が主体であることが忘れられ，前方部の意義のみがますます誇張されて，前方部幅は後円部径よりも大きく，また高さもこれを越えたもの。欽明天皇陵，敏達天皇陵など。
と4段階の発達を明らかにしている。ただし前方後円墳の発展段階は，単なる墳形の形式配列の順序をもってするのではなく，出土品など，比較研究を考慮して設定すべきであると説いている。浜田耕作博士の形式編年の基準となったものは，天

皇陵に治定された大古墳で，しかも前方後円墳の最盛期を紀元400年前後としてとらえているところは，応神・仁徳天皇陵に治定された古墳の被葬者を応神・仁徳天皇と考えた上でのことであろう。しかしながら前方後円墳の形式変遷は基本的には現在考えられているところと大筋ではかわらない。

2 墳丘の変遷

宮内庁陵墓図の公開や正確な実測図の作成によって前方後円墳の研究は一層深化した。なかでも上田宏範，梶国男，宮川徙氏らによる型式学的研究と方形区画をもとにした設計企画の研究が進められた。

上田宏範氏による型式学的研究[3]は前方後円形の変化の推移のもっとも敏感に表現できる計測点の選定を行なったことである。

この計測点とは墳丘の中軸線を設定して，後円部直径と前方部後長と前方部前長を一定の数値に置きかえ比較研究する。この場合，後円部直径を6とすると，前方部の前・後にはによりまとまった数値が得られることに気づかれた点である。A型式～E型式までの7型式に分類した。なかでもA型式は桜井茶臼山古墳以下8類に分類されたものを含んでいる。B型式はB型式Ⅰ，B′型式，B型式Ⅱなどがあるが，前方部の拡大と高さの増大によって6：1：3以下，前方部前長の数値が増大して行く点にある。

以下，E型式に分類された清寧陵の後円部径と，前方部前長の数値のみとなった6：0：5など，著しく前方部が発達した古墳へと変遷している。

これらの型式設定は立地，出土遺物，内部構造を検討した上で，型式設定のグルーピング化を計ったもので，先に紹介した浜田耕作博士の主張を受けついだものと言えよう。

バラエティーに富んだ前期古墳の中でも，特殊器台形埴輪をもった西殿塚古墳や箸墓古墳が前方部の先端をバチ形に開いていることを特徴とみるなら先行形態とみることもできる。二重口縁の壺形土器を主体部周囲に配列した茶臼山古墳をその次に，以下，崇神・景行陵・メスリ山古墳などへ続くことになる。また墳丘の外側をめぐる周濠も，方形区画状のものから，階段濠，前方後円形，盾形への変遷を考えることも重要である。

しかし編年の基準となるものは応神・仁徳・履仲陵の各古墳を5世紀前半の中期型古墳として，編年基準に位置づけ，前方後円墳の出現期を土器形式の推移から4世紀前半に，前方後円墳の終末を見瀬丸山古墳に置いた場合，宣化・欽明天皇陵に比定して，6世紀後半頃となる。いずれにしろ，前方後円墳の編年は，被葬者を確定させるか，絶対年代を決定づける遺物の出現をまたなければならない。そのような点で辛亥銘の鉄剣が出土した埼玉稲荷山古墳が注目されている。

3 内部構造の変遷

（1）竪穴式石室と長持型石室

古墳時代前期の埋葬施設は弥生時代の墓制を引き継いだ土壙墓・箱式棺（箱形木棺と箱形石棺）と古墳時代に竪穴式石室と粘土槨がある。この内，竪穴式石室は，弥生末期の西条52号墳のように木棺の周囲に礫積を行なったような，竪穴式石室と言うよりも礫槨と呼んでもよい遺構であった。

一方，古墳時代の竪穴式石室は，長大な木棺を内部に納めることから規模も大きく，下部構造にも十分な配慮が施されている。

かつて竪穴式石室の研究を進めた小林行雄氏は，石室の構造と規模からA・B・C三種に分類した。その分類をみると，A群はおよそ人体を葬るに適当な最小限度を甚だしくは超えない大きさをもつ。B群は幅と高さはA群とはさほど変わらないが，長さにおいて倍加するもの，C群はA群とB群の中間の長さをもつが，石室幅が著しく広いもので，内部に石棺を納めるものとした。

A群の一部とB群が前期古墳の葬法であるが，C群は石室長に比べ幅も広く，その内部に石棺を納めたものが多い。その後，竪穴式石室は，平面形態の研究から，下部構造の研究に発展した。北野耕平，嶋田暁，田中廣弘，都出比呂志，山本三郎氏らによって検討が加えられた。墓壙と基台部，棺床，排水溝のあり方によって数型式に分類されているが，北野耕平氏が指摘したように，型式の構造が長期間にわたって継続する場合や，短期間に廃絶する場合，また同一地域でも異なる型式のものが存在した可能性すらあり得る。

「古墳の変遷」を論じた大塚初重氏[4]は前Ⅰ期前半の古墳として，京都府椿井大塚山古墳，岡山県湯迫車塚古墳，兵庫県吉島古墳などをあげ，丘陵尾根上や山頂に立地することと，墳丘主軸に直交するかたちで竪穴式石室が構築されていること，

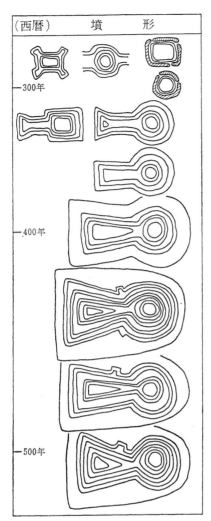

図 1 前方後円墳の型式変遷図

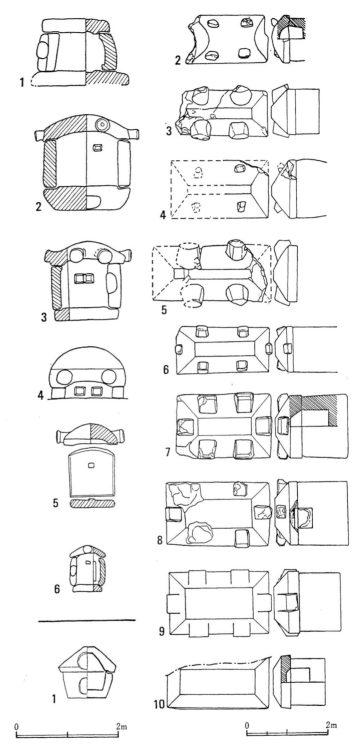

図 2 長持形石棺と家形石棺の編年

長持形石棺 1 河内松岳山 2 河内津堂城山 3 室大墓 4 和泉仁徳陵
5 屋敷山 6 摂津前塚
家形石棺 1 河内唐櫃山 2 兜塚 3 権現堂1号棺 4 東乗鞍山
5 笛吹神社 6 新宮山 7 都塚 8 赤坂天王山
9 岬墓 10 小谷

また副葬品の組み合わせが，鏡鑑・武器・農工具が主で，碧玉製腕飾類をもたない点であると言う。「特に副葬鏡は漢中・後期の鏡——四神鏡や内行花文鏡をはじめ平縁神獣鏡など——と，一般に魏晋鏡とよんで三国代の三角縁神獣鏡との組み合わせである」と言う。中国から輸入された「舶載鏡」にかぎられるとの事実から，先にあげた方法を前期古墳の中でも古い一群とみなして4世紀代の前半期に位置づけようとする。しかし，鏡の作られた時期と副葬された時期との年代差，鏡がいつ輸入されたのか，また国内で伝世されていたのかなどの問題が解決しないかぎ

り，いずれも築造年代は決定できない。

堅穴式石室は，規模の縮小と構造の簡略化が進むが，その内，木棺を内蔵した堅穴式石室として奈良県当麻町兵家6号墳の資料を紹介しよう[5]。

兵家6号墳の堅穴式石室は南北238cm，北側木口幅66cm，高さ50cmの規模をもつもので，西壁の一部は破損していた。棺内から勾玉・管玉・ガラス玉・臼玉があり，変形四獣鏡1面と鋳造鉄斧が出土している。勾玉は硬玉やメノウ製以外に滑石の荒い整形のものが含まれている。また管玉も細身の滑石製のもので，両端の未整形の臼玉も含まれている。また石室の一端からは，革綴横矧板短甲と肩甲が出土している。

この堅穴石室と平行して存在した西側主体は木棺直葬で，長さ4.68m，幅1.82mの規模をもつ。棺内からは鎌・刀子・ノミなどの鉄製品と刀子形石製模造品が出土している。鉄鎌は刃先が彎曲するもの，滑石製刀子は小形で簡略化した形式のものが含まれている。これらの遺物から5世紀中葉から後半に推定している。

一方，中期の大型前方後円墳の堅穴式石室として知られているものに，大阪府美原町の黒姫山古墳がある。前方部に主軸に平行する形で堅穴式石室が営まれており，石室は長さ4m，幅0.8mの規模をもっていた。石室内から横矧板鋲留短甲8領を含む11領の短甲が出土している。また衝角付冑と眉庇付冑をあわせもっている点で注意されよう。

堅穴式石室に長持形石棺を納めていたものに，奈良県御所市室大墓古墳と藤井寺市津堂城山古墳がある。城山古墳は墳丘全長200mを超す大古墳であるが，後円部中央に長軸に平行して設けられた堅穴式石室内に長さ4.4m，幅1.54mの長持形石棺が安置され，棺内から鏡・勾玉・管玉・棗玉・車輪石・滑石製剣・刀子・勾玉・環頭・大刀・銅鏃・巴形銅器など多数が出土した。石製腕飾類と滑石製品が出土している[6]。

室大墓古墳は全長246m，城山古墳と比べても遜色のない大古墳である。

堅穴式石室は全長5.51m，幅1mの大きさで，その内部に蓋石規模で，長さ3.5m，幅1.47mの石棺を納めていた。出土品には神獣鏡・勾玉・管玉・硬玉製棗玉・滑石製勾玉や管玉などと，琴柱形石製品や滑石製模造品の刀子や斧などが含まれている。室大墓古墳と城山古墳を比較すると，

室大墓古墳に銅鏃や巴形銅器などの銅製品が含まれておらず，しかも滑石製模造品類が先にあげた兵家6号墳よりも簡略化している点で，後出とみている。これは後述する長持形石棺の編年観とも一致している。かつて言われたように，室大墓古墳の長持形石棺の天井部カーブが津堂城山古墳よりは急傾斜で仁徳陵前方部出土石棺より緩慢である点からも，編年的に後代に位置づけられよう。

長持型石棺を主体部とした最初の古墳は出土遺物から松岳山古墳と考えられるが，これを箱形石棺とみる考えもある。その後，現在知られている石棺資料から津堂城山古墳→室大墓古墳→仁徳陵前方部→屋敷山古墳→前塚古墳へと移行して行ったと考えられる。この内，延喜式記載の陵墓の所在地と関連して考えられるのは津堂城山古墳，仁徳陵，前塚古墳などである。

津堂城山古墳のある古市古墳群中には記紀の記載や延喜式によると，応神天皇以下9人の天皇や皇后の陵墓が築かれたことになっている。古市古墳群を形成する個々の古墳がどの天皇や皇后にあたるかは不明にしても，この地に陵墓を最初に築造した被葬者と，もっとも古い古墳とを対比させて順次検討して行くことも一つの方法である。いずれにしても大王陵に比定されている古墳は長持形石棺を主体部としていることを注目してよい。

応神陵の陪塚と考えられる丸山古墳や珠金塚古墳，盾塚古墳，鞍塚古墳，アリ山古墳などの埋葬施設，また甲冑や馬具などの出土品の細分から5世紀型古墳と呼ばれている古墳の編年は可能である。また応神陵に隣接する墓山古墳も後円部の埋葬施設が長持型石棺であるが，その陪塚の野中古墳は木櫃状のものを直葬したもので，内部から多数の鉄製品や陶質土器が出土している。この陶質土器は韓国伽耶地方の土器との比較から5世紀の前葉であっても中葉から余り遡らないと推定されている[8]。しかも韓国側の資料を細かく検討して行けば年代を検討する資料として活用できよう。

応神陵，仲津媛陵との間にあった鞍塚，珠金塚，盾塚の各古墳の発掘調査資料の整理が進められているが，現在公表されている資料から検討すると楯塚古墳―鞍塚古墳―珠金塚古墳（南棺）―珠金塚北棺―野中古墳となる。これらの築造順位の中にアリ山古墳をどこに位置づけるかである。アリ山古墳は刀剣と鉄鏃，工具が多数出土しているが，これを上記の資料の中で検討すると，鉄鏃，

鉤状鉄器, 蕨手刀子などを基準にすれば, 鞍塚古墳と珠金塚南棺の中に位置づけられる。

仁徳陵, あるいは前塚の資料も, 文献資料との対比から堺市の百舌鳥古墳群内に営まれているとみられる仁徳, 履仲, 反正の各天皇陵の位置づけ, また前塚古墳の場合は, 主墳の今城塚古墳を継体天皇陵に比定した時に絶対年代として編年的位置づけも可能であるが, 現段階では決めることはできない。

（2） 横穴式石室と家形石棺

長持型石棺が主流を占めた古市古墳群に家形石棺が使用されたのは, 允恭陵の陪塚的位置にあった長持山古墳と唐櫃山古墳である[9]。

長持山古墳には2基の家形石棺が安置されていたが, 北側の石棺は長さ 3.4m, 幅 1m の河原石を積んだ竪穴式石室内に安置されていた。棺外から衝角付冑や挂甲, 鞍金具・輪鐙・轡など馬具一式が出土している。家形石棺は, 屋根勾配の急な蓋石と, 底部ですぼまる身をもち, 前後に縄掛突起をもつ点を特徴として, 最古形式に位置づけられている。また石材は阿蘇溶岩と二上山凝灰岩を用いている点で注目されている。

奈良県野神古墳, 兜塚古墳は家形石棺を用いているが, いずれも竪穴式石室内に納められている。奈良県天理市東乗鞍古墳は横穴式石室内に家形石棺の納められたもののもっとも古い例として, その後, 横穴式石室と石棺は順次変遷して行くが, かなり早い時期に家形石棺のみを直葬したものも現われている。奈良県当麻町櫟山古墳がその好例である。

横穴式石室内に, 家形石棺を納めた古墳の最終末と考えられているものに奈良県橿原市の小谷古墳や菖蒲池古墳などがある。切石および半切石積の横穴式石室内に縄掛突起のない家形石棺を安置しているが, 両古墳の石棺形式は異なっている。

その後, 家形石棺は横口式石槨としての発展をとげる。高松塚古墳やマルコ山古墳など, 家形の外観をもっていると推定されている。

当麻町鳥谷口古墳は一種の横口式石槨であったが, 天井部にわずかに縄掛突起が残っていて, 組み合せ式家形石棺が石槨へ発展した過程を示していた。出土した須恵器からも年代の推定できる資料である。

このように見てきた横穴式石室と家形石棺も,

初限は他の出土品から5世紀代にさかのぼると考えられている。とくに横穴式石室は北九州地方の老司古墳や鋤先古墳などの竪穴系横穴式石室が5世紀代でも初頭に, また一部では4世紀代にさかのぼらせる考えがある。

4 ま と め

長々と記述したが, 北野耕平氏の次の記述をもってまとめとしておきたい[10]。「古代史へのアプローチを求める手段として, 考古学的方法の限界を無視して, 個々の天皇陵の所在地に対する臆測が吐露されている場合も少なくない。古墳の被葬者を推測して, 絶対年代への手がかりを得ようとするのは, 在銘遺物を伴なわない大部分の古墳に対し, 却って問題の所在を見失わせる危険がある……」。

中国史書に現われた「倭の五王」の陵を推定して, 編年基準に用いようとする誘惑にかられるのは私一人だけであろうか。

註
1) 喜田貞吉「古墳墓年代の研究」歴史地理, 24—3・5・6 ほか, 1914, のち『古墳墓年代の研究』（喜田貞吉著作集2）に所収, 1979
2) 浜田耕作「前方後円墳の諸問題」考古学雑誌, 26—9, 1936, のち『考古学研究』に所収, 1939
3) 上田宏範『前方後円墳』1969
4) 大塚初重「古墳の変遷」日本の考古学Ⅳ, 1966
5) 伊藤勇輔『兵家古墳群』奈良県報告第37冊, 1978
6) 梅原末治「河内国小山城山古墳調査報告」人類学雑誌, 35—8・9・10, 36—4・5・6・7, 1934・35
7) 網干善教・秋山日出雄『室大墓』奈良県報告第18冊, 1959
8) 北野耕平『河内野中古墳の研究』1976
9) 大阪府教育委員会編『大阪府の文化財』1962
10) 註8) の7ページ
　　なお, 長持型石棺と家形石棺については次のものを参照した。
　　間壁忠彦・間壁葭子「長持形石棺」倉敷考古館研究集報, 11, 1975
　　間壁忠彦・間壁葭子「石材からみた畿内と近江の家形石棺」倉敷考古館研究集報, 12, 1976
　　増田一裕「畿内系家形石棺に関する一試考」古代学研究, 83, 1977
　　また, 石棺の変遷図は上記の報告より引用した。「〇〇陵」として本文中に記したものは「〇〇天皇陵に治定されている古墳」の意味である。

副葬品による編年
――武器を中心に――

池田市立歴史民俗資料館
■ 田 中 晋 作
（たなか・しんさく）

甲冑は古墳の編年上有効な副葬品であるが，出土する
古墳の数がひじょうに限られるという限界も存在する

1 武器による古墳の編年の有効性と限界

武器は，その機能から大きく攻撃用武器と防禦用武器に分離することができ，両者は，その発達過程において表裏一体の関係にある。すなわち，攻撃用武器の機能の向上は，対する防禦用武器の改良，発達を導く。この関係は，逆の場合においても同様に成立する[1]。

防禦用武器，甲冑の型式変遷の研究は，この時期の古墳の編年においてひじょうに大きな効果をあげている[2]。しかし同時に，対象とする甲冑の出土古墳がひじょうに限られたものであるという限界も存在する。副葬品としてごく一般的にみられる攻撃用武器についてはどうかというと，主要攻撃用武器である刀・剣・鎗・鉾などは，時間の推移の中で，剣と刀，鎗と鉾の比重の軽重が転換し，また，長さなどに若干の変化が認められる。しかし，出現と同時にその基本的な形態がほぼ確立しており，詳細な時期区分の指標とすることができない。一方，鉄鏃の場合は，古墳時代中期に入り，とくに活発な形態変化をみせ，質・量ともに主たる攻撃用武器としての地位を確立する。機能向上を目指す試行錯誤が頻繁に起こる形態変遷として現われる。この背景には，それを必要とする社会情勢があったと思われるが，対する防禦用武器の機能向上が実質的な誘因であったと考えられる。

しかし，古墳時代全般にわたってみられる鉄鏃についても一律な取り扱いができないことを認識しておく必要がある。古墳時代前期にあっては，質・量ともに未発達で，系統的に取り扱うことがむずかしい。また，古墳時代後期に入ると，副葬品の埋納意識に変化が生じ，実用品のストレートな埋納という傾向が強い古墳時代中期にくらべ，儀礼的な要素が加味されてくる。よって，鉄鏃の変遷過程の検討がもっとも効力を発揮できるのは，古墳時代中期に限られてくる。

ここでは，古墳時代中期を中心として，攻撃用武器と防禦用武器の相関関係のもとに，鉄鏃と甲冑の変遷過程を追ってみたい。甲冑については，先学の詳細な研究によってその変遷過程がほぼ確定しており，これを援用することとする。

2 武器の編年の設定における特殊性

古墳の副葬品の研究方法としてよく用いられるものに，広くかつ多くの資料集積の上に立論する方法がある。また他方では，須恵器などの研究にみられるように特定地域での変遷過程を追究し，その成果を敷衍するという方法が存在する。この場合には，大阪南部古窯跡群における須恵器生産が，その規模，影響力において他地域を圧倒するなどの前提条件が存在している。

古墳時代中期における武器に関しては，どちらかというと，後者の方法を採ることができる条件を備えていると考える[3]。むろん，各地での冶金工具や鉄鋌の出土からみて，鉄器生産がある程度の広がりをもって行なわれていたと思われる。しかし，このことがただちに武器生産の先進地域と結びつくものではない。現段階では，甲冑をはじめとする武器や鉄製農工具の質・量からみて，その生産・開発における主導的位置を占めていたものは，百舌鳥・古市古墳群の被葬者集団であったと考えられる。この前提条件のもとに，黒姫山古墳を含む両古墳群内出土の武器の変遷過程を検討し，その基準的な編年試案を設定する。

3 鉄鏃の編年試案

現時点において，検討対象として取り上げることができる資料は，百舌鳥古墳群において，七観山古墳[4]，百舌鳥 76 号墳[5]，カトンボ山古墳[6]，古市古墳群にあっては，津堂城山古墳[7]，アリ山古墳[8]，野中古墳[9]，丸山古墳[10]，そして黒姫山古墳[11]である。

まず，これらの資料の中にあって，最終段階に位置づけられるものは，長頸式鉄鏃である。このことは，後期古墳，または正倉院御物に見出され

る鉄鏃からしても正鵠を得たものといえる。長頸
式鉄鏃が検出されている古墳は，百舌鳥76号墳，
カトンボ山古墳，野中古墳，丸山古墳，黒姫山古
墳である。このうち，長頸式鉄鏃のみで占められ
ているものは，カトンボ山古墳，丸山古墳，黒姫
山古墳で，残る百舌鳥76号墳，野中古墳では，
柳葉形鉄鏃などの頸部が未発達なものが共存す
る。これら長頸式鉄鏃の刃部の形態は，百舌鳥
76号墳，野中古墳で両刃であるのに対し，カト
ンボ山古墳にあっては，構成比率が不明である
が，両刃と片刃のものが共存し，黒姫山古墳で
は，両刃の刃部をもつが，片側に長い腸抉を備え
ている。

　これらの資料をもとに長頸式鉄鏃の動きをみて
みると，刃部の形態が他の長頸式鉄鏃の両刃のも
のと異なり，また，いろいろな形態の鉄鏃が共存
する野中古墳のものをその初源的段階に置くこと
ができる。次に，その確立期として，柳葉形鉄鏃
と共存するものの，その形態的特徴がカトンボ山
古墳，黒姫山古墳のものと類似する百舌鳥76号
墳のものをあてることができる。そして，カトン
ボ山古墳，丸山古墳でのあり方から，この後に片
刃のものが生み出されるものとみられ，両刃・片
刃長頸式鉄鏃は，その出現時にこそ若干の時間差
が想定されるものの，その使用，存続期間はほと
んど重複すると思われる。これらを基本として，
黒姫山古墳でみられるような腸抉をもつものがそ
のバリエーションとして創出されると考える。

　では，長頸式鉄鏃出現以前の段階はどうかとい
うと，まず検討すべきものは，野中古墳で椿葉式
および鑿矢式として取り扱われている一群であ
る。これらは，頸部の長伸化する段階にあること
が柳葉形鉄鏃の共存と合せひじょうによく示され
ている。しかし，詳細に検討してみると，この古
式とみられる柳葉形鉄鏃についても，上記の動き
を裏づけることができる。七観山古墳，アリ山古
墳の柳葉形鉄鏃と比較すると，頸部の発達が明確
に看取されるのである。ここに，前段階の頸部を
もたないものから長頸式鉄鏃への移行期，頸部の
出現，長伸化，または，刃部の縮小を特徴とする
過程を認めることができるかもしれない。しか
し，この動向が，七観山古墳，アリ山古墳にみら
れる柳葉形鉄鏃から直接発達したものと断定する
ことには問題がある。これは，アリ山古墳の鉄鏃
の約4分の3を占める頸部をもった三角形鏃の存

在で，頸部の伸長化が別の要素から生じたとする
ことも可能であるからである。ここでは，後述す
る頸部が未発達で，刃部と茎部から構成される鉄
鏃が著しく減少することを特徴とする段階が存在
したことを指摘しておく。

　この前段階にあって主流を占めると思われるも
のが，上述したように刃部と茎部から構成される
大型の柳葉形鉄鏃である。七観山古墳，アリ山古
墳にみられるものである[12]。

　ここで，津堂城山古墳から出土した1本の鉄鏃
についてみてみると，刃部を欠損したもので，全
体像は推定によるものであるが，やはり，刃部と
茎部から構成されるものである。しかし，七観山
古墳，アリ山古墳のものに比べひじょうに小型で
あるといえる。資料が不充分であるため明確な判
断を下すことができないが，大型化し，同時に刃
部と茎部から構成される柳葉形鉄鏃の前段階に位
置づけることが可能であると考える。また，両古
墳以外で，小型ではあるが，頸部をもつものが古
い段階で認められ，今後，この段階に位置づけで
きるものが出現する可能性が高い。

　以上，鉄鏃の刃部，頸部，茎部の構成から百舌
鳥・古市古墳群出土の鉄鏃を取り上げ，その変遷
を素描してみた。ここでは，鉄鏃の変遷過程をそ
の形態から付与されるさまざまな名称を除き，
Ⅰ〜Ⅳ期に区分することで示す。
　Ⅰ期　大型鉄鏃出現以前の段階
　Ⅱ期　刃部と茎部から構成される大型柳葉形鉄
　　　　鏃などが主流となる段階
　Ⅲ期　頸部の伸長化，刃部の縮小化がはじまる
　　　　段階，または，刃部と茎部から構成され
　　　　る大型鉄鏃が衰退する段階
　Ⅳ期　長頸式鉄鏃の出現以降の段階
Ⅳ期については，刃部の形態から，両刃のもの
（Ⅳ-1），次いで片刃のもの（Ⅳ-2），腸抉をもつも
の（Ⅳ-3）というふうに出現順位を設けることが
可能であるが，これらは前出のものを駆逐するの
ではなく，共存するものと考える。

　長頸式鉄鏃，Ⅳ期の鉄鏃が生み出される過程に
ついて，その重さに視点を置き，飛距離と殺傷力
の関係からとする見方[13]があるが，ここでは，甲
冑の生産量の飛躍的な増大に伴い，貫通力の機能
向上を必要とすることによって生み出されたとす
る一元的な把え方をすべきであると考える（図参
照）。

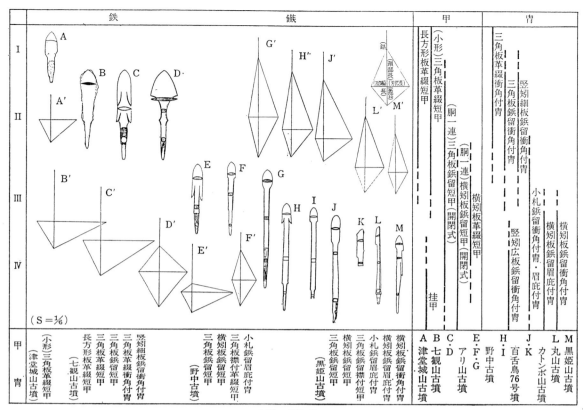

武器の編年試案

4 武器の編年試案の適用について

　武器は，その性格上，最新の機能をもつものがすべての地域に同一に行きわたらないという場合がある。武器の生産・開発において主導的立場にあった百舌鳥・古市古墳群の被葬者集団との関係に起因すると考えられる現象で，この勢力と密接な関係にあった勢力（地域）にはより早く，逆の関係にあった勢力（地域）には若干の時間的な遅れが生じるのである。この傾向はとくに甲冑において顕著にみられ，畿外地域よりも畿内地域に強く現われる。留意すべき点として指摘しておく。

　最後に，百舌鳥・古市古墳群の被葬者集団を中心として押し進められたとみられる武器などにおける技術革新は，すべてをそのオリジナルに帰することには問題が残る。朝鮮半島南部地域との充分な比較検討が今後の課題となろう。

　註
1) 拙稿「武器の所有形態からみた古墳被葬者の性格」ヒストリア，93，1981
2) 北野耕平「五世紀における甲冑出土古墳の諸問題」考古学雑誌，54－4，1969，野上丈助「古墳時代における甲冑の変遷とその技術史的意義」考古学研究，60，1968，小林謙一「甲冑製作技術の変遷と工人の系譜」考古学研究，80・82，1974，村井嵓雄「衝角付冑の系譜」東京国立博物館紀要，9，1974 ほか
3) 大村　直「弥生時代における鉄鏃の変遷とその評価」考古学研究，119，1983，対象とする時代が異なるが，逆の方法である。
4) 樋口隆康ほか「和泉七観古墳調査報告」古代学研究，27，1962 ほか
5) 拙稿「百舌鳥76号墳出土資料について」古代学研究，101，1983
6) 森　浩一ほか『カトンボ山古墳の研究』1953
7) 藤井利章「津堂城山古墳の研究」藤井寺市史紀要，3，1982 ほか
8) 北野耕平『河内における古墳の調査』1964
9) 北野耕平『河内野中古墳の研究』1976
10) 羽曳野市誉田八幡宮蔵
11) 末永雅雄ほか『河内黒姫山古墳の研究』1953
12) 野上丈助　注2)に同じ。
13) 小林謙一「弓矢と甲冑の変遷」古代史発掘，6，1975

主要参考文献　後藤守一「上古時代鉄鏃の年代研究」『日本古代文化研究』1942，末永雅雄『日本上代の甲冑』1944，同「日本鉄鏃形式分類図」古代学，16－2・3・4

円筒埴輪による編年

橿原考古学研究所
■ 関 川 尚 功
（せきがわ・ひさよし）

円筒埴輪は各期にわたる古墳の多くに普遍的に存在すること
から，古墳の編年を考える上に最も有効な手段の一つである

1 円筒埴輪の特性

埴輪，とくに円筒埴輪は各時期にわたる大型古墳の多くに普遍的に存在することから，発掘調査を経ずして時期決定が可能な資料として，近年とみに注目されている。

埴輪の持つ本来の性格は，古墳墳丘上における装飾用具，あるいは当時の葬送思想を具現化する器物，また古墳時代の一手工業生産などといくつかの面を持ち，それぞれ多岐にわたる問題を含んでいる。

ここでは単に編年に限り，今日までに明らかになった事実をもとに，大和の埴輪を例にとって述べてゆきたい。

編年そのものについては，川西宏幸[1]・赤塚次郎氏[2]らの作業があり，細部はともかくその大綱については大幅な変更は必要としないであろう。

円筒埴輪を構成する要素にはいくつかが考えられる。まず器形・透孔・突帯の形状といった外面的なもの，次に粘土の積み上げ・焼成・ハケなどの器面調整の用法など技法的見地からみたものがある。埴輪そのものを検討する場合，これらすべてを観察し，総合的に判断を下すことはいうまでもない。

以下，川西氏の編年をもとに，各期の概略を円筒埴輪総体の動向を含めながら述べてゆく。

2 第I期の円筒埴輪

大和の埴輪により，最も古く位置づけられるのは周知のごとく箸墓古墳である。その埴輪は，特殊器台の系譜を引くものである。有段の口縁部と三角形，方形，巴形の透孔を持ち，器表を線刻の斜線や蕨手文で飾る。西殿塚も時期的にはやや下降するが，箸墓と近似した内容を持つ。また，箸墓とともに壺形土器を伴う可能性が高い。この2基の古墳を大和I期前半としたい。

I期後半としては，新山西・小半坊・メスリ山古墳があげられよう。

近年検出された新山西古墳出土埴輪について述べると，まず口縁部の形態には有段と外反の2種類がある。この二者の併存は，すでに箸墓の段階でみられるもので，I期全体を通じて有段の埴輪は存続する。

外面の第2次調整は，一部のヨコハケを除き，ほとんどがタテハケに限定される。このタテハケはしばしばI期の特徴とされている。しかし，大和ではこの手法は稀少例である。内面調整もハケとともにヘラケズリが多用されている。そして，肩の張る壺部を有する朝顔形埴輪を含んでいる。このほか一部の埴輪には線刻鋸歯文が認められる。

やや新しい要素としては，II期に多い突帯付加に際して施される方形刺突の技法があげられよう。突帯そのものは，細く突出したものばかりでなく，かなり厚手の突帯も含まれる。

なお，新山西古墳においては，赤塚氏の指摘される突帯下部に粘土を補う補充技法が散見する。だが，氏の述べられているような，この時期すべての埴輪にこの技法が採用されている事実はない。

メスリ山古墳では，突帯付加における方形刺突技法がみられる上，器面2次調整のヨコハケが定型化したかたちで施されている。I期後半の中でもさらに新しく位置づけられるものと思われる。

いずれにしても，I期後半において，生産量が増大の方向を示すII期における埴輪の形態，技法の定式がほぼ確立したものと意義づけることができる。

3 第II期の円筒埴輪

大型古墳群造営の進捗とともに大和の埴輪生産は，その規模を増し，生産量も急激に増加する。

形態的には単純外反口縁で占められるが，鰭付と楕円形円筒埴輪の出現は，この時期を特徴づけるものである。

鰭付埴輪は，東殿塚，マエ塚，伝日葉酢媛陵，

不退寺裏山，新沢500号墳などでみられ，畿内では和泉・挙湯山，摂津・五色塚，山城・長法寺南原古墳などで知られている。

楕円形埴輪は，櫛山，古市，不退寺裏山古墳に例があり，畿内では河内・松岳山，摂津・大石塚，山城・飯岡車塚古墳などで事例をみる。

器面2次調整は，A種ヨコハケが多用されている。また，透孔は円形が増加するが，いまだ一般的となるには至っていない。方形，三角形，半円形の用例も多い。なお，大和では摂津・大石塚古墳などでみられる鍵形の透孔は今のところ例をみない。ただ，伝日葉酢媛陵の透孔は鍵形か巴形の変形とみることができよう。

突帯付加にあたっては，棒状工具の全面あるいは角で引く沈線のほか，方形刺突がかなり増加する。この技法は，近畿では丹後・蛭子山，丹波・園部垣内，和泉・乳ノ岡，摂津・五色塚古墳などと広範匿にわたる分布を示す。大和でも伝日葉酢媛陵，古市，鶯塚，伝崇神陵，燈籠塚古墳などその事例は豊富である。

また，東殿塚では巴形透孔と斜線，蕨手文の線刻を持つ埴輪が検出されている。埴輪組成からみても東殿塚はⅡ期の中でも前半期とすることができよう。

4　第ⅠⅠ期の円筒埴輪

Ⅱ期における埴輪生産に比し，総体量は減少する。

埴輪そのものの形態は，数段以上に及ぶ従来からの大型品に加え，3段ほどの中型クラスの埴輪も出現する。古墳自体の規模に応じて，埴輪における大小の差が分化するのであろう。

透孔については，円形が多くを占めるが，依然として方形，三角形もみられる。埴輪の多くが円形透孔で占められる室大墓，コナベ古墳などはⅢ期後半に位置しよう。

川西氏の編年指標によると，Ⅲ期の器面2次調整は，ミコハケの止痕を残すB種ヨコハケに限られるとされている。しかし，大和の事例をみる限り，この時期の調整は，圧倒的にA種ヨコハケで，B種ヨコハケの類例はかなり少ない。今後の検討を要するが大和第Ⅲ期では一部にB種ヨコハケが現われるが，A種と併存するとみたほうがよいと思われる。

Ⅲ期の後半にはコナベ古墳のように，第1段に

おけるハケの省略を意図するナデ調整がみられ，埴輪製作の簡略化傾向が一部ではすでに顕在化するものと理解したい。

5　第Ⅳ期の円筒埴輪

畿内，とくに河内・和泉では古市・百舌鳥古墳群を中心に大型古墳の造営が継続的に行なわれ，埴輪自体の生産が最高潮に達する時期である。

しかし，大和においては，この時期に該当する古墳群は，大塚山，近内古墳群などに限られ，Ⅳ期の埴輪生産は，Ⅱ期を凌ぐほどの量を持っていたかは疑わしい。

埴輪の形態は，通常円筒のほか，ウワナベ，大和5号墳のように，鰭付が一部に遺存する。和泉・七観古墳とともに鰭付の最終形態を示すのであろう。

透孔は円形に限られるがウワナベ，大和5号墳では三角形，方形がまだみられる。鰭付の存在とともにⅣ期前半の位置づけが可能であろうと思われる。

須恵器生産からの技術導入により，Ⅳ期に採用された窖窯焼成法は，無黒斑，須恵質の埴輪を相当量生産するに至った。だが，この新しい焼成法は当初より同時期のすべての埴輪に取り入れられたものではない。主に大型の古墳あるいは古墳群においてまず行なわれたことを考えさせる。それは，大和の中小古墳のいくつかにおいて黒斑を持つ埴輪が見受けられるからである。出土須恵器で時期が明らかになっているのは，TK 216 型式の五条・丸山古墳，TK 47型式頃の下明寺，引ノ山8号墳などである。

なお，器表を赤色塗彩で飾る傾向も，ウワナベ，杉山，河合大塚山古墳などⅣ期前半には盛んだが以後は衰えをみせる。

器面2次調整もB種ヨコハケが多用されるが，この技法は本来窖窯焼成法，埴輪製作時における回転台の使用と密接な関連を持つものである。大和のB種ヨコハケの本格的な開始はⅣ期に入ってからであろう。

ヨコハケのほか，中型品ではナデ調整が盛行し，大型品においても第1段のハケの省略，第1段突帯のヨコナデ調整の簡略化などが時折認められ，これらを手がかりにⅣ期の細分を行なうことは可能である。

6　第Ⅴ期の円筒埴輪

　Ⅳ期における量産を指向した埴輪生産は，Ⅴ期に入り大型古墳群の縮小化とともに衰退に向かう。技法面では2次調整の省略とナデ調整の盛行が著しい。

　このような大和におけるⅤ期の埴輪は大別して2つの性格を持つと考えられる。まず第1には，新沢千塚古墳群，石光山古墳群など群集墳中の小古墳に使用される小型化した粗製の埴輪である。第2には，依然として各地域に分立する大型古墳に用いられる埴輪である。

　群集墳中に使用される埴輪は，おおむね6世紀前半をもってほぼ埴輪使用の終息期を迎える。Ⅴ期の前半には新沢175号墳をはじめとして，第1段を除き器面2次調整が施されるが，Ⅴ期後半の石光山17号に至っては，2次調整はおろか，1次調整のハケも略されてナデに変化する埴輪もあり，退化が著しい。

　一方，大型古墳に使用される埴輪は，器面1次調整のタテハケを残す伝飯豊陵，狐井城山古墳あるいは，ハケも使用せず，ナデのみで終る埴輪がその半数を占める市尾墓山古墳などと6世紀前半を主とする埴輪群がまず考えられる。

　ところが従来より6世紀中葉と考えられているウワナリ古墳や，6世紀末葉に位置づけられる牧野古墳にも台形突帯を巡らせ，1次調整のタテハケを持つ大型品が出土している。これらの埴輪は，Ⅴ期前半の埴輪と近似した内容を持っている。

　この事実は，石室内に埴輪を有する鳥土塚，勢野茶臼山古墳などとともに単に前代において製作された埴輪を利用したものか，それとも6世紀前半以降に至っても特定の大型古墳に限っては，埴輪の使用を行なったものか問題を残す。各古墳の埴輪出土状態をみる限り，この時期に埴輪を生産し，使用した可能性はかなり高いものと考えたい。

　このような差異は，本質的には群集墳中の小古墳と大型古墳との埴輪に対する性格の相違を示すものかとも思われるが，大和の埴輪の終焉を考える上で重要な課題となりそうである。

7　今後に向けて

　円筒埴輪自体は，地域及び古墳あるいは古墳群

表　円筒埴輪による大和古墳編年の概要

第Ⅰ期	箸墓　西殿塚　新山西　小半坊　メスリ
第Ⅱ期	東殿塚　巣山　櫛山　東大寺山　和爾下神社（棺）　伝日葉酢媛　マエ塚（棺）　古市　西山　伝景行　伝崇神　佐味田宝塚　新沢500号（棺）　不退寺裏山
第Ⅲ期	近内カンス塚　瓦塚1・2号　ナガレ山　島根山　室大墓　みやす　コナベ　平塚1号
第Ⅳ期	ウワナベ　大和5号　平塚2号　杉山　河合大塚山　中良塚　額田部狐塚　坊塚　屋敷山　神塚　掖上カンス塚　下明寺　今井1号　五条丸山　鍋塚
第Ⅴ期	市尾墓山　飯豊　ウワナリ塚　岩室池　城山　黒田大塚　狐井城山　西乗鞍　火の谷9号　新沢175号　石光山20号

ごとで同時期の埴輪においてもかなりの差が認められる。したがってすべての埴輪が一律に変遷を辿ってゆくものではなく，新旧の形態・技法が混在することは以上述べた通りである。埴輪のみで古墳編年を細かく組み立てようとするならば，このような制約を考慮しなければならない。だが，このような特質は，古墳自体の性格や埴輪生産の構造を考える上ではむしろ良好な材料となりうる。

　古墳の編年は畿内及び大和においてもいまだ不充分な点が多く古墳時代研究の障害となっている。円筒埴輪による編年は，いくつかの問題点を持ちながらも現時点では最も有効な手段の一つといえよう。今後は円筒埴輪の持つ特質を充分理解した上で検討を深め，細分作業を進める必要があろう。

参考文献
1）　川西宏幸「円筒埴輪総論」考古学雑誌，64—2，1978
2）　赤塚次郎「円筒埴輪製作覚書」古代学研究，90，1979
　なお各古墳の文献については紙面の都合上割愛した。

土師器による編年

筑波大学教授
■ 岩崎卓也
（いわさき・たくや）

土師器を古墳編年の重要資料とすることは正しい。だが現状
では，この方法は暦年代などを狂わせる危険性も備えている

は じ め に

土師器は，それがもつ脆弱性により，伝世する
可能性は少ない。また，これの仮器化したものは
葬送儀礼の一環として製作されたと考えてよい。
したがって，古墳から出土する土師器もしくはそ
の仮器は，古墳とほぼ時を同じくして製作された
としてよいことになる。だから，もし土師器の年
代が明らかなら，古墳の築造年代を求める有力な
手段たりうるはずである。しかし，土師器の編年
研究を古墳のそれに適用しようという試みは，そ
れほど古くから行なわれてきたわけではない。そ
れには以下のようないくつかの理由がある。

前期古墳に土師器が副葬される例はむしろ稀
で，また埋葬施設上から出土するそれは，多くの
場合復原も叶わぬ砕片である。そのため，埋葬施
設の調査にのみ力点がおかれた，かつての古墳調
査では，土師器の好資料が得られることがむしろ
珍しかった。また，土器副葬が多い後期古墳で
も，それは須恵器が主流であることは周知のとお
りである。

こういう古墳と土師器との関係は稀薄であると
する認識のほかに，土師器自体の編年研究の遅れ
も指摘しなければならない。とくにその編年序列
が完成の域に達したとしても，それの暦年代を求
める手がかりは乏しく，精々50年単位でしか細
別できない状態が続いてきたのである。

ほかに理論上の問題も存在した。かつて都出比
呂志氏は「儀器としての壺形埴輪を日常土器と直
線的に比較する」ことに慎重であるべきだとし
た[1]。これには佐原真氏の反論があるが[2]，伝統
に拘束されることが多い葬送用具であるから，は
たして経年的変化を微妙に反映するのだろうか，
という危惧を抱く人も多いようである。

このような問題はあるにせよ，古墳調査方法の
進展は，とりわけ前半期古墳出土の土師器量を膨
大なものとするようになった。そして，近頃では
土師器を古墳編年の重要資料と考える研究者が増
加してきた。石野博信氏や大村直氏らの最近の業
績[3]は，とくにその傾向を顕著に示してくれる。
だが，大村氏が自ら述べているように，現今でも
なお土師器に与えられている暦年代は，根拠が乏
しいのである。そして研究者間あるいは地域間の
偏差もまた無視しがたいように思える。以下に
2，3の問題点をとりあげてみよう。

1　出土状態をめぐって

古墳の墳丘や周湟から，実にいろいろな時期の
遺物が出土する，という体験をもつ人は多いだろ
う。大抵の場合，縄文土器・弥生土器あるいは灰
釉陶器などは，古墳築造時とは直接関係しないと
して除外されるが，古墳時代土器がそれも少量出
土した場合は，しばしばその扱いに窮することに
なる。

大分県赤塚古墳の周湟調査で設けられたⅦトレ
ンチから，土器片が2片出土した。調査者はこれ
を庄内（新）〜布留（古）式と想定した[4]が，石野
氏は纒向2式期（庄内式古）の所産とし，量の乏し
さを危惧しつつも，これを根拠に赤塚古墳の年代
を繰り上げた[5]。私はこの調査を実見していない
から発言する立場にないが，土器片は墳丘を構成
していた数個の石とともに発見されたというだけ
では，その帰属に関しても意見が分かれるだろう。

私どもは，長野県森将軍塚古墳の調査を行なっ
た経験がある。かつて私はその報告書中で，墳麓
から出土した盌形土器について，埴輪とともに出
土し，しかも完形に復原されたということを理由
に，古墳との直接的関係は否定できないと断じ
た。しかし，その土師器の型式は余りに新しく，
想定される古墳の年代と合致しない点が問題であ
ると考えた[6]。しかし，このような疑義は最近の
全面調査によって氷解した。この古墳の裾には，
おびただしい埋葬施設が四周しており，しかもそ
の構築年代は4世紀末から6世紀に及んでいるこ
とが判明したからである[7]。つまりそれらの施設
に供献した各時期の土器が多数発見されたわけで

ある。おそらくさきの調査時に得た盒も，それらの1つに供献されたもので，古墳本体とは無縁と考えた方がよいということになる。

　森将軍塚古墳の調査例は，墳丘・墳麓出土の完形土器でも，そのまま古墳築造時と直結しないものがあることを示してくれた。小破片である場合には，さらに慎重に周辺とのかかわりを検討する必要があるだろう。この場合は，周湟底に密着していたという程度では根拠に乏しい。平安時代の竪穴住居の床面に，貼りつくようにして縄文土器片が出土する例などは，決して稀ではないからである。

2　型式認定と暦年代

　いろいろな方法によって，出土した土師器と古墳との関係が明らかにされたとしよう。しかし，つぎにその土器型式の認定，さらに暦年代をめぐって大方の一致を見ることは困難な場合が多い。とくに，それが破片にすぎない場合は，意見が分かれる。さきに記した赤塚古墳出土土器片に対する評価の分岐もその一例である。長野県森将軍塚古墳の竪穴式石室内から，小形丸底土器の小片が何片か出土している。全面が赤彩され，研磨がゆきとどいた薄手・精良な土器である。私どもは器形をも考慮して，これを布留式古段階併行期の所産と考えた。しかしその後この資料を実見した都出氏は，布留式中段階でもおかしくないと述べられた[8]。作り方はともかく，口頸部のプロポーションに着目してのことのようである。古墳副葬用であるため，時期的には下降するが，全面に研磨を加えたということであろう。

　奈良県箸墓古墳出土の壺形土器も，都出氏は布留式古段階の所産とする[9]のに，置田雅昭氏は庄内式新期としうる可能性を指摘され[10]，石野氏によれば，庄内式期の所産で布留式土器ではありえないという[11]。

　古墳時代の始まる頃，東日本の各地に影響を与えた東海地方の土器になると，さらに厄介になる。かつて紅村弘氏は「久永春男氏の欠山式，大参義一氏の元屋敷式と，筆者の東牧式などいくつかの名称が用いられている」と，欠山式と元屋敷式土器とは，同一土器群の別称と印象づけられるような表現をした[12]。ところが石野氏は，この二つの土器型式名は，尾張と三河という相異なる地域に発展した，時間的には同時だが，その内容を

若干異にする土器群の名称であると考える[13]。いっぽう大参義一氏らは，欠山式→元屋敷式という先後関係を想定する[14]。もちろんそれぞれの型式内容に対する認識も微妙に異なってくる。他地域との相関関係をも問題にしようとすれば，混乱は一段と広まることになる。

　すなわち，古墳と土師器との共存関係が証明されたとしても，その土器の型式観の一致をみるまでには，まだかなりの曲折があると考えておく必要があろう。

　型式観の一致をみた土師器群でも，その暦年代を求める段階にまた問題がある。例えば，南関東地方の某古墳出土の土器を検討した末，和泉式土器である，と見解の一致をみたとしよう。実はこの和泉式土器は，およそ5世紀を代表する土器群であることは認められるが，その上限年代となると，不一致が目だつのである。ある人は4世紀末にそれを求めるのに[15]，一部研究者は5世紀中葉に始まるとする[16]など，そこに半世紀もの暦年代上のズレがあることがわかる。

　すなわち，現状においては土師器を主たる武器として行なった古墳の年代決定は，大きく変動する危険性を多分に有することを知るべきなのである。そしてこの有力な武器を十分に活かすには，土師器の十分な観察と，広い視野からする全国的な編年網を念頭におくことが最低限要求されるのである。例えば関東地方の和泉式土器の初源を4世紀代に繰り上げようということは，決して関東地方だけの問題にとどまらず，全国の古墳年代の繰り上げ問題に連動することなのであり，それまでを矛盾なく説明できないかぎり，それは認められないということなのである[17]。

3　弘法山古墳の年代をめぐって

　土師器と古墳とのかかわりの問題紹介に紙数をとりすぎてしまった。さいごにこの問題を，より明確にするため，長野県弘法山古墳の年代観につき，具体的検討をしてみたい。

　弘法山古墳出土土器の検討を試みた大塚初重氏らは，これらを東海地方最古の土師器と位置づけ，紅村弘氏の四郷式土器に対応させた。そしてその年代を4世紀前半期と想定された[18]。いっぽう石野博信氏はこの土器群を纏向2式併行期とされる[19]。その根拠の1つは，両遺跡出土の壺にみる文様の類同性であるらしい。この古墳の位置づ

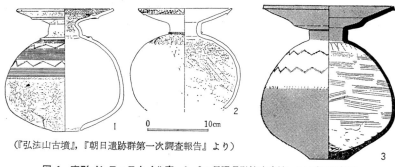

(『弘法山古墳』,『朝日遺跡群第一次調査報告』より)

図1 変形パレス・スタイル壺 1・2:長野県弘法山古墳 3:愛知県朝日

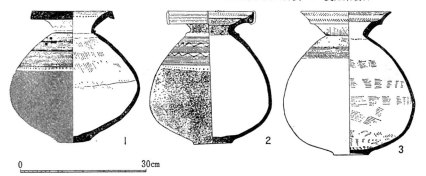

図2 パレス・スタイル壺の変遷(『新編一宮市史』資料編3より)
1:愛知県北川田 2:愛知県斉宮司 3:愛知県戌亥西切

けは,石野氏の古墳発生論の一部を支えている。

さて弘法山古墳出土の土師器については,すでにその報告書で詳細に報じられており,いまそれに加えるべき何物もないが,ここでその型式判定の最大の根拠となった壺形土器1(図1-1)について若干の検討を加えておこう。

この土器は丹彩壺であること,櫛描・箆描のパターン化した文様が肩部ならびに口縁部内面に施されること,胴部最大径の位置が極端に低いことなどの諸点を総合して,弥生時代後期に東海地方で成立した,いわゆるパレス・スタイルの壺形土器に由来することは明らかである。そしてその伴出関係から,紅村氏や都築みどり氏[20]達は,これを定型的なそれよりも下降するとし,大塚氏らもそれに従っている。妥当な位置づけといえる。

上記した壺形土器にはみられない,パレス・スタイル土器の一般的特徴として,私は次の2点が重要だと考える。その1は,口縁部を垂直もしくはそれに近い状態に拡張して,そこを装飾帯とすることである。いま1つはく字形に屈曲する口縁部の大きさに比して,むしろ短い頸部を有する点である。そしてこの両者を兼ね備えた壺形土器の後進として,私どもはすぐに「柳ヶ坪」型土器(図2-3)を想起する。そして,私はパレス・ス

タイル土器の嫡流は,まさしくこの土器だろうと考えたいのである。弘法山古墳の,数としてはそれほど多くはない壺1は,系譜的にはむしろ派生的なものだったのではあるまいか。この場合,私は細く直立する頸部と,文様帯を失った外方に大きく開く口縁部とは,別系列の壺(おそらく桜井茶臼山古墳の壺形品に代表されるもの)との接触変容の結果と想定している。

このようにしておのずから抽出される年代観を,いま少し明確にするためには,壺2の吟味それに都築氏によって指摘された[21]手焙形土器の型式観などを呈示する必要がある。しかし与えられた紙幅はすでに尽きてしまったので,いまはその結果も上記と矛盾するものではない,とのみ記述するにとどめたい。

すなわち,私見からすれば,弘法山古墳の年代は,遡っても石野氏の纒向3式期をこえるものではないのである。

註
1) 都出比呂志「古墳出現前夜の集団関係」考古学研究,21—1,1974
2) 註1)論文に対するコメント,同上
3) 石野博信「古墳出現期の具体相」考古学論叢,1983 ほか
   大村 直「東国における前期古墳の再評価」物質文化,39,1982
4) 真野和夫ほか『宇佐市川部・高森地区遺跡緊急発掘調査概報Ⅳ』大分県教育委員会,1981
5) 石野,註3)論文など
6) 八幡一郎ほか『長野県森将軍塚古墳』更埴市教育委員会,1973
7) 矢島宏雄ほか『森将軍塚古墳』1・2・3,更埴市教育委員会,1981・82・83
8) 都出比呂志氏談(1984.9)による。
9) 都出,註1)論文
10) 置田雅昭「古墳出現期の土器」えとのす,19,1982

11）石野，註3）論文ほか

12）紅村　弘「入門講座・弥生土器―中部　東海西部
　　3―」考古学ジャーナル，122，1976

13）石野，註3）論文

14）大参義一「弥生式土器から土師器へ―東海西部の
　　場合」名古屋大学文学部研究論集（史学），47，
　　1968

15）例えば沼沢豊氏ら（『東寺山石神遺跡』千葉県文
　　化財センター，1977）

16）例えば玉口時雄氏（「土師器」新版考古学講座，
　　5，1970）

17）和泉式土器は小形器台などが完全消滅する段階だ

から，畿内布留式新段階に対応する。その年代論は
古墳年代論とともに須恵器の起源年代論とも結びつ
くことになろう。私もその可能性を全否定しようと
いう気はない

18）大塚初重「弘法山古墳出土の土師器について」弘
　　法山古墳，1978

19）石野，註3）論文

20）都築みどり「元屋敷式土器の再検討」南山考古，
　　2，1983

21）都築みどり「松本市 弘法山 古墳 出土の 手焙形土
　　器」考古学ジャーナル，185，1981

大谷女子大学助教授
須恵器による編年 ■ 中村　浩
（なかむら・ひろし）

須恵器はごく一部を除いて奢侈品ではないと考えられるとこ
ろから，古墳の年代推定を行なうには最適であると思われる

1　はじめに

　須恵器は，古墳時代後半に朝鮮半島から伝えら
れた製陶技術によって生産されはじめた新しいや
きものである。とくに既存の土師器の欠点を補完
しつつ，日常容器としても，伝播後まもなく主た
る座を占めている[1]。

　このように広汎に利用されたと考えられる須恵
器は，各種遺跡から少なからず出土する。とりわ
け後期古墳にあっては，必ず副葬されているとい
って過言でないほどである。とくに他の金属製
品，木製品，玉製品などが，腐蝕や盗掘によって
失われてきたのに対し，須恵器は破損している場
合が多いが，良好な遺存状態を有してきた。この
ため各古墳の年代推定に須恵器の検討結果を採用
することが多い。したがって本稿では，須恵器編
年からみた古墳の年代について，二，三の例を掲
げて考えてみたいと思う。

2　古墳と須恵器

　須恵器と古墳とのかかわりを説く前に，まず古
墳時代の須恵器編年について触れておきたい。こ
の期間に該当する須恵器の生産地としては，和泉
陶邑窯（以下陶邑窯とする）[2]，尾張東山窯（以下東山
窯とする）[3]のほか，大蓮寺窯，宮山窯，久居窯，
千里窯など多くの窯跡（群）が知られている。し

かし，ほぼ全期間にわたって体系的な編年表を示
しうるのは，前二者のみである。他は好資料では
あるが，編年的には断片的なものとしかなりえな
い。陶邑窯では，Ⅰ，Ⅱ型式の各段階とⅢ型式の
2段階までが，古墳時代に相当する。東山窯では
開窯期からⅠ17型式に当たると考えられる[4]。各
型式，段階の個々にみられる特徴について記述す
る紙幅の余裕がなく，他稿に詳しいので，それら
にゆずることとし，ここでは省略に従う。

　さて編年は，陶邑窯，東山窯出土遺物を中心に
細かく行なわれているが，これらが消費地では，
どのようなあり方をしているのか，あるいは絶対
年代とのかかわりはどうなのかなどについて，十
分な検討考察が行なわれているとはいい難い状況
にある。以下，畿内を中心にして，管見に触れた
須恵器副葬の状況と諸問題について，陶邑編年を
準用しながら考えたいと思う[5]。

　Ⅰ型式　わが国に須恵器製作技術が伝播し，本
格的な生産が軌道にのる段階に相当する。とくに
1～2段階に分類される遺物中には，陶邑以外生
産物が含まれている可能性がある。またこれと前
後して朝鮮半島から舶載された陶質土器も多くみ
られる。

　当該遺跡の分布は，旧大和川・猪名川，淀川な
どの水系に沿ってみられる。旧大和川水系では，
堂山古墳（大東市），長原古墳群（大阪市），亀井古

30

墳（八尾市），野中古墳（羽曳野市）などからは，この段階の須恵器（陶質土器）が検出されている[6]。とくに出土状態で注目されるのは，大半の例が，墳丘裾部ないし上面からのもので，主体部内からでない点である。堂山古墳などでは主体部土壙中からの検出と報告されているものもあるが，これらは棺外ないしは，後の攪乱に伴い混入した可能性もあろう[7]。なお野中古墳の如く木櫃内に収納された例もあるが，この場合は半島からの舶載品中の一部に限られている。同様な例は，岡本山A3号墳でもみられる。しかし，ここでは主体部内とはいえ，棺外に配置されており，既述各例と軌を一にしている。このように棺外に配置される状況は，5段階までのほとんどを通じてみられる傾向である。

一方，古墳以外の遺跡からは，甕を中心として多数の初期須恵器の検出例が知られているが，そこでみる状況と古墳のそれとは必ずしも一致をみていないようである。ともあれ，須恵器の日常生活への普及と古墳副葬品としての再利用との間のギャップは，初期段階にあっては大きかったのではなかったかと考えられる。また，舶載品の副葬は，被葬者および当該氏族の勢力誇示ないしは，勢力状態を示すために有効であったといえよう。この状態は，須恵器生産の拡大に伴い，少なくとも3段階以降では大半の地域にあって入手可能となり，飛躍的な需要の発展をみたと考えられる。

II 型式 群集墳の築造などに伴い副葬品としての須恵器が一般化する段階である。従来，主体部外にみられた墳丘祭祀とみられる須恵器検出は少なくなり，反面，主体部での例は多くなる。ただし棺内へ入れられていたかどうかは好資料に乏しく速断を許さないが，先にみた野中古墳の舶載品の如く特別な扱いをした例は見当らない。ちなみに奈良県下の古墳にみる須恵器副葬の一部状況は表1に示した如くであり，ここから器種の組み合わせについても看取することができる。I型式との差をあえて探れば，副葬用仮器としての須恵器がみられる点であろうか。ちなみに当該期間にみる住居址出土器種と古墳のそれでは，後者がかなり多いといえよう[8]。2～3段階で一般化する横穴式石室内での副葬状況では，追葬時に一括してしまうため果して棺内かどうかを判断することはできないが，器台・壺などの大型器種も多いことから，棺外が大半であったと考えられる。とくに「黄金喫」にみる如く，黄金国での生活を彷彿とさせるに足る質量が副葬されている場合が多い。4段階に属する飛鳥寺下層出土遺物は，『日本書紀』の記載から衣縫造の住居とのかかわりも考えられ，実生活に用いられていた器種の一端を知ることができよう。

III 型式 II型式6段階およびIII型式1，2段階にみる須恵器は，生産そのものにあっても，器形的にも矮小化，たちあがりの消失とかえり，宝珠つまみの出現など大きな画期となっている。その背景には，半島情勢の深刻化に伴う新来工人の渡来や国内体制の再編ほかの要因が考えられる[9]。これに伴い需要のあり方にも大きな変化を将来していた。具体的には，古墳築造の減少や追葬の小規模化にみる副葬に伴う需要の後退がみられる一方で，氏寺や官衙の造営に伴う消費の拡大などがあげられる

表 1 須恵器の副葬状況（抄）

古墳名称		墳 形	主体部	副葬位置	器 種 型 式	
五条市						
引ノ山	1号墳	円 墳	木棺直葬	墳丘（2次堆積？）	高杯	
			甕 棺	棺 外	蓋 杯	II-1
				棺 内	高 杯	II-1
	3号墳	円 墳	木棺直葬	棺 外	蓋杯・甕ほか	I-5？
	6号墳	円 墳	木棺直葬	周 溝	甕	II
	7号墳	円 墳	木棺直葬？	SK 01	甑・蓋 杯	I-4～5
				墳内棺上？		
				周 溝	甑・蓋杯ほか	I-5～
	9号墳	方 墳	木棺直葬	墳内棺外	蓋 杯 ほか	I-5～
	10号墳	円 墳	木棺直葬	周 溝	蓋 杯	I-5～
御所市						
石光山	20号墳	円 墳	木棺直葬	墳 丘	蓋杯・器台ほか	II-1～
	24号墳	円 墳	木棺直葬	墳 丘	器 台	
				墳内棺上	蓋杯・高杯ほか	II-1～
	39号墳	円 墳	木棺直葬	棺 内	蓋杯・高杯	II-1
				棺 外	蓋 ほか	
天理市						
ホリノヲ	1号墳	円 墳	横穴式石室	石 室 内	蓋杯・高杯ほか	II-4
	2号墳	円 墳	横穴式石室	石室内棺外？	蓋杯・高杯ほか	II-4～5
	4号墳	円 墳	横穴式石室	石室内棺外？	甑・提瓶ほか	II-3～4
	5号墳	円 墳	横穴式石室	石 室 内	蓋杯・高杯ほか	II-5～III
	6号墳	円 墳	横穴式石室	石室内棺外？	蓋杯・提瓶	II～III

関川尚功ほか『引ノ山古墳群』五条市教育委員会，1980
白石太一郎ほか『葛城・石光山古墳群』奈良県立橿原考古学研究所，1976
堀田啓一ほか『天理市石上・豊田古墳群 I』奈良県教育委員会，1975 による

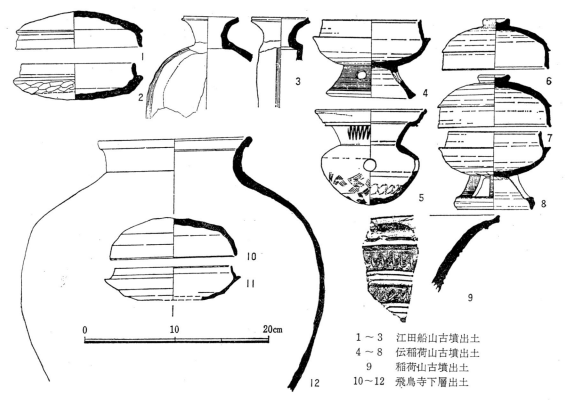

出土遺物実測図（原図は各々の報告書，論文による）

1～3　江田船山古墳出土
4～8　伝稲荷山古墳出土
9　　　稲荷山古墳出土
10～12　飛鳥寺下層出土

だろう。これらによって生産器種にも仮器的要素の濃い器種は著しく少なくなり，実用性の高いものへと転換していく傾向を示す。なお古墳副葬の好例に乏しく，位置および扱いについては不明とせざるをえない。

Ⅳ型式以降の須恵器が古墳内からまれに検出される例があるが，これらは追葬に伴う場合は少なく，むしろ他の事情での混入と考えられる。

以上，各型式を追って，須恵器と古墳とのかかわりについて，きわめて簡単に記述してきた。以下，古墳の年代推定にかかわる須恵器編年と絶対年代とのかかわりについて述べておくこととする。

3　年代推定と須恵器

須恵器の編年と絶対年代とのかかわりは重要であるが，古く遡れば遡るほど判断材料に欠ける傾向にある。すでに先学諸氏によって，江田船山古墳，稲荷山古墳出土資料と年代とのかかわりが説かれ，解明の端緒がひらかれた感もあるが，必ずしも満足のゆくものではない。ともあれ現状での推定材料を検討してみることとする。

江田船山古墳出土例　多量の出土遺物には，銀象嵌銘を含む大刀を含んでおり夙に著名である。銘文の検討から年代が5世紀前半頃とする考え方が示されて以来，種々論議が行なわれている。陶質土器については，横山浩一氏[10]が第1段階＜二子塚式＞として編年されて以来，わが国最古型式の標式的存在となっていた。しかし，他の遺物および陶質土器そのものの検討の結果，少なくとも二時期（型式）の遺物が併存することが明らかとなり[11]，さらに大刀が伝世したとすると，必ずしも年代推定の資料としては不適切の感をまぬがれない状況となっている。また近時，稲荷山古墳鉄剣銘とのかかわりで，5世紀後半を採る方もおられるやに風聞するが，これとても年代推定材料としては躊躇せざるをえない。ともあれ，陶邑編年には当該例はなじまないが，あえて当てれば，Ⅰ型式1段階の蓋杯とⅡ型式1段階の提瓶となろう。

稲荷山古墳出土例　船山古墳同様象嵌銘を有する鉄剣の検出で，同所出土須恵器にもAD 471年以降の年代が白石太一郎[12]，都出比呂志氏[13]によって与えられている。ちなみに当該例は，陶邑

編年では I 型式 4 段階に相当する。なお、これら
の須恵器が、他の鉄剣などの遺物と同時ないし併
行するかについては、それらの各々が検出された
正確な位置と各々の関係が今後明確になればより
鮮明なものとなろう。いずれにしても I 型式の一
時期を示す年代を知る手懸りの一つではあろう。

飛鳥寺下層出土例 飛鳥寺創建前の遺跡に伴う
遺物が、創建期の盛土中から検出されている。検
討の結果、寺創建直前段階までを含むとされてい
る。須恵器では蓋杯・壺・器台・甕・台付壺など
で、大別して二つの型式のものがみられる。この
うち蓋杯・壺は、陶邑編年 II 型式 4 段階頃に相当
するもので最も新しい。したがって飛鳥寺創建が
『日本書紀』によると崇峻元年 (588) 是歳条に「壊
飛鳥衣縫造祖樹葉之家、始作法興寺」とあり、推古
4 年 (596) 冬 11 月条に「法興寺造意」とあるまで
の間伽藍造営が行なわれたと考えられ、先の須恵
器がこの期間以前であるとして大過ないだろう。

これら各資料のほか、難波宮跡、藤原宮跡、川
原寺跡、坂田寺跡などでも、年代推定を考慮でき
る資料が確認されており、陶邑編年との対応が
可能となっている[14]。ちなみにこれらからの結果
を示すと、陶邑編年 II 型式 4 段階が 6C 後半〜末、
5〜6 段階が 7C 前〜中、III 型式 1 段階が 7C 中、
III 型式 3 段階が 7C 末頃と各々想定される。さら
に陶邑窯における窯そのものの操業期間との対応
から想定した各型式段階の存続期間は、I, II, III
型式は 100 年前後、III 型式は 50 年前後と想定し、
I 型式 1, 2 段階は 20 年、I 型式 5 段階、II 型式
1, 2 段階は 10 年を各々こえることがなく、I 型
式 3, 4, II 型式 3, 4 段階は、各々 30 年前後以内
と考えている。また II 型式 6 段階と III 型式 1 段階
は、重複期間が多く、両者で 20 年以内、また 2,
3 段階も各々 10〜15 年前後と考えられる[15]。

4 結語にかえて

古墳出土の須恵器は、当該古墳の年代を考える
上できわめて重要な資料である。そのため、須恵
器編年によって得られた"ものさし"を適用し、
相対的位置を確認し、しかるべき考察を加えられ
ている。筆者は須恵器は、ごく一部の例外を除い
ては、奢移品ではないと考えており、この点で古
墳出土須恵器からそれら出土古墳（遺跡）の年代
推定を行なうのは、まことに最適であると思う。
しかし、須恵器のみに目がゆき、肝心の古墳がも

つ性格や副葬品のあり方などの検討がおろそかに
ならないように配慮することも忘れてはならない
ことである。

陶邑窯という生産地と古墳など消費地の編年
は、既述の如く須恵器というものがもつ性格から
両者に大きな差を認めないと考えているが、それ
らの検証が十分に行なえている訳ではない[16]。与
えられた紙幅も尽きたので、十分意を尽しえない
点、心残りではあるが、今後に残された大きな課
題として、生産地と消費地の遺物の関連と検討が
あることを記し、今後に期したいと思う。

註
1) これらの問題については中村　浩「須恵器の生産
　　と流通」考古学研究、28—2, 1981, ほかなどで考
　　えたことがある。
2) 中村　浩『和泉陶邑窯の研究』柏書房、1981 ほ
　　か
3) 楢崎彰一・伊藤　稔・加藤　稔・斎藤孝正『猿投
　　山西南麓古窯跡分布調査報告』I・II、愛知県教育
　　委員会、1980・1981；斎藤孝正「猿投窯成立期の様
　　相」名古屋大学文学部研究論集『史学』29、名古屋
　　大学、1983
4) 註 3) などによる。
5) 註 2) で行なった編年を用いる。
6) 初期須恵器については、楢崎彰一監修『日本陶磁
　　の源流』柏書房、1984 に詳しい。
7) 棺内遺物とされているものの中にも、棺上に配置
　　され、棺が朽ちて後、内部に崩落したものもあると
　　考えられる。この点詳細な観察が望まれる部分であ
　　る。
8) 註 1) で考えたことがある。
9) 中村　浩「奈良前期の須恵器生産」日本書紀研
　　究、塙書房、1982
10) 横山浩一「手工業の発展―土師器と須恵器」世界
　　考古学大系、3、平凡社、1959
11) 中村　浩「初期須恵器の系譜」大谷女子大学紀
　　要、14—1、大谷女子大学、1979
12) 白石太一郎「近畿における古墳の年代」考古学ジ
　　ャーナル、164、1979
13) 都出比呂志「前期古墳の新古と年代論」考古学雑
　　誌、67—4、1982
14) 註 9) で検討を行なった。
15) これについては、中村編『陶邑』I、大阪府教育
　　委員会、1976 で示したことがある。ただしこの存
　　続期間は最長のものを示したもので、重複する部
　　分などを考慮にいれると必ずしもここに示した年
　　数とはならないと考えられる。
16) この点については、改めて考えたい。

筑　紫

■ 柳沢一男
福岡市教育委員会

　九州東北の一角をしめる筑紫は，周防灘側の豊前を除いて現在の福岡県域にほぼ重なる地域である。8世紀のはじめに筑前・筑後に分国したが，二国間の古墳文化の内容にも著しい地域性をみることができる。以下二国の主要地域，筑前一糸島，筑後一浮羽・久留米・八女地方を中心に論をすすめるが，そのまえに古墳時代開始期の様相と暦年代について触れておきたい。

　私は，弥生終末期に大型化した多様な墳丘墓（なかには四隅突出墳のように様式化したものもある）と，墳形・埋葬施設がより強い形制として出現し，まず西日本各地に展開した前方後円墳とのあいだに，墓制上の画期をみとめる。この新たな墓制に表出される集団関係の形成をまって古墳時代の開始とする立場を支持する。かといって，前代の大型墳丘墓形成期を過小に評価するものではない。終末期のこの段階こそ，小地域をこえた広域な地方権力の形成，有力な首長層の出現と解すべきであって，瀬戸内沿岸，吉備，出雲，大和を中心とした諸勢力の緊張関係が，新たな時代を押し開いた原動力とみる。定型化した前方後円墳は突如出現したかのようにみえるが，こうした前段階における緊張関係の調整機能的役割を果すべく，各地域墳丘墓の諸要素を結合するとともに，より強い形制として創出されたと解される。この段階を土器型式でいえば，庄内（新）式，北部九州では柳田編年 Ia 期の新しい段階であり，その暦年代を3世紀後半と想定する。

　筑前　約110基の前方後円（方）墳があり，糸島42基を筆頭に，宗像25基，福岡15基とつづく。糸島ではおおまかに4群に区分されるが，なかでも50〜80m 前後の前方後円墳の継続的造営がみとめられる今宿古墳群が編年の基準たりうる。

　いま筑前でもっとも遡るとみられる古墳は，糸島の御道具山，福岡妙法寺2号墳である。御道具山は全長 60m あまりの前方後円墳で，前方部が撥形に開く（詳細不明）。

　これについで，旧「伊都国」中心地の端山古墳

や，早良の藤崎6号方形周溝墓（三角縁二神二車馬鏡）がある。

　筑前の糸島・福岡地方は，4世紀末葉を前後する頃に有力首長墓に横穴式石室が採用される。老司・鋤崎古墳がそれで，丸隈山・釜塚古墳へと構造変遷を辿ることができる。5世紀前半には筑後でも成立し，後半以降には小型墳で普遍的に採用される（竪穴系横口式石室）。6世紀前半に定型化した両袖型石室が出現し，後半には首長墓を中心に複室構造の石室が盛行する。大型巨石積みの石室は末葉に出現する。

　筑後　約60基の前方後円（方）墳がみとめられるが，前期から後期まで確実に系譜を辿りうる地域はない。

　まず開始期の古墳は，筑後川支流の宝満川流域，南部の三池，瀬高地方に分布する。宝満川流域の小郡北部のばあい，前方部が撥形に開く津古1号墳が先行するとみられ，津古2号墳，焼ノ峠古墳，二重口縁壺を墳頂にめぐらせた御国ノ鼻1号墳が後続しよう。筑後中部の方墳の祇園山古墳，また南部では，円墳の潜塚も出土土器からほぼ同時期と思われる。

　筑後川中流域の浮羽地方には前期の大型墳は知られていないが，5世紀前半と推測される法正寺古墳から，7世紀前半の楠名古墳にいたる首長墓系列がみとめられる。ただし日の岡古墳から重定古墳のあいだはなお検討の余地がある。

　久留米，八女地方も，いま確実に4世紀代に遡る首長墓系列は知られていない。この地域では，石人山古墳以降，石像物の樹立，阿蘇溶結凝灰岩製の横口式家形石棺，彫刻系装飾に表出される首長墓群が形成される。その分布範囲が肥前南部から肥後中部以北にあることから，有明海をめぐる強固な連合体の存在が予想され，そのセンター的位置にある。

　八女古墳群のばあい，石人山古墳のあと岩戸山古墳まで年代上のヒアタスが大きいが，この間を埋める古墳として，久留米周辺の石櫃山（横口式石棺は横穴式石室内に収めてあった可能性がある），浦山古墳が候補となる。

　なお，筑後川北岸の甘木では．和泉陶邑に先行する須恵器の生産が明らかになりつつある。古寺，池ノ上墳墓群の出土須恵器に開始期の様相がうかがえる。

年	筑 紫 地 域 の 編 年		参考とする古墳	備　　考
	筑　前　（糸島）	筑　　後		
200				
				土師器
				柳田編年
		小郡北部 筑後南部	福岡・宮ノ前 C-1号（墳丘墓）	Ⅰ a　□定形化した前方後円墳の成立
300	三雲・曽根 志摩			
	今宿 御道具山	津古1号 祇園山 潜塚		Ⅰ b
	山ノ鼻1号 端山 長野	御国ノ鼻1号 焼ノ峠	豊前・石塚山	Ⅱ a　藤崎方形周溝墓群
	若八幡宮 築山 銚子塚			Ⅱ b　□埴輪の採用 □横穴式石室の採用
400	鋤崎	浮羽 法正寺 久留米 八女	福岡・老司	須恵器 陶邑編年
	丸隈山 狐塚 釜塚	木塚	甘木・小田茶臼塚	甘木　□甘木地方須恵器生産開始 □石人・石馬の出現 □横口式家形石棺の成立
	銭瓶塚 山ノ鼻2号	月の岡 石人山 真浄寺2号		Ⅰ型式
	兜塚	塚堂 石櫃山	宗像・奴山17号	小田編年
500	大塚	日の岡 浦山	宗像・勝浦41号	Ⅱ A　□壁画系装飾の出現
	下谷※	日輪寺		Ⅱ B　●岩戸山古墳──磐井墓の可能性大 □定型化した両袖型石室の出現
	飯氏二塚	弥次郎丸 岩戸山	福岡・日拝塚	Ⅲ A　Ⅱ型式　□複室構造石室の出現 □石人・石馬消滅
		塚花 乗場 鶴見山	福岡・剣塚	Ⅲ B　□横穴式石室平面企画尺度の変化（晋尺系尺→高麗尺）
600		重定	豊前・橘塚	Ⅳ A　□巨石積石室墳の出現
		楠名	豊前・綾塚	Ⅳ B
				Ⅲ型式
700				縮尺　0　200m

※下谷古墳の墳丘規模は推定
○上記の古墳の編年は、おもに出土土器・埴輪を基準に、また横穴式石室出現以後はその型式変遷を配慮して行なった。
○土師器・須恵器編年の年代観は筆者の考えているところである。

肥 前

■ 蒲原宏行
佐賀県教育委員会

　肥前（佐賀県）における古墳の編年は松尾禎作[1]・木下之治[2]らによって 1960 年代までにその大綱が示されたが，発掘調査によって得られた資料はまだ少なく，とりわけ前・中期の様相については手探りの状態であった。ようやく近年に至り，大規模開発に伴う行政発掘の増加によって前・中期の様相も明らかになりつつあるが，編年の軸ともなるべき大型首長墳についてはいぜん基礎資料の整備が遅れており，今後の課題となっている。

　本県における古墳の分布は唐津平野を中心とする玄海灘沿岸地域と背振山地南麓を中心とする佐賀平野地域とに大きく二分される。佐賀平野地域はさらにいくつかのブロックに分れるが，ここでは便宜上平野のほぼ中央を流下する城原川を境に東西に分けておく。以下，各地域ごとに主な古墳の編年的位置について概述してみたい。

　玄海灘沿岸地域における最古の古墳は浜玉町経塚山古墳で，長大な竪穴式石室と仿製方格規矩鏡・雛形鉄器類などの出土遺物により 4 世紀後半の築造と思われる。浜玉町谷口古墳，伊万里市杢路寺古墳はともに仿製三角縁三神三獣鏡を出土しているが，谷口古墳は長持形石棺，杢路寺古墳は礫床を内部主体としており，この点で他の同式鏡出土古墳に比してやや後出的である。4 世紀末から 5 世紀初頭の築造であろう。唐津市久里双水古墳は墳形と近接する小型の方墳・円墳群の状況より 5 世紀前半頃に位置づけられる。初期横穴式石室を持つ浜玉町横田下古墳は福岡市鋤先古墳に近い石室構造と筒形銅器・土師器高杯の型式などよりやはり 5 世紀前半の築造であろう。5 世紀後半代には前方後円墳が見られないが，6 世紀に下って唐津市島田塚古墳が陶邑 MT15 型式の須恵器より前半代に，伊万里市小島古墳が石室構造より中頃に位置づけられる。以後終末期に至る状況は調査例に恵まれず，明確でない。

　佐賀平野西部地域では古墳の出現に先行して三日月町下久米，久米，戌などの方形周溝墓がまず認められる。これらは土師器より 4 世紀中頃から後半に位置づけられる。佐賀平野最古の前方後円墳佐賀市銚子塚古墳は柄鏡形の墳形と壺形埴輪の型式より 4 世紀末頃の築造であろう。5 世紀に入って，前半代には竪穴式石室 2 基を内蔵し，鉄製柄付手斧などを出土した佐賀市山王山古墳，箱式石棺より変形四獣鏡・石釧を出土した神埼町朝日古墳などが位置づけられる。県下最大の大和町船塚古墳は墳形から見れば大阪府石津丘古墳，黒姫山古墳などに近く 5 世紀後半でも古く考えられる。古式の横穴式石室より金銅製冠帽・三環鈴などを出土した佐賀市関行丸古墳は 500 年前後であろう。6 世紀代では陶邑 TK 10 型式の須恵器を出土した三日月町地蔵山古墳が中頃に位置づけられ，一つの指標となる。6 世紀末には鹿島市行成鬼塚古墳，小城町姫御前古墳など巨石墳が特徴的に認められるが，7 世紀代には石室の作りも粗雑になり，とくに中頃以降の矮小化は著しい。

　佐賀平野東部地域における古墳の出現は庄内系の二重口縁壺を出土した東脊振村西一本杉 ST 008 古墳（方形突出部を持つ円墳）により 3 世紀末頃に位置づけられる。4 世紀後半代には布留式中相併行の土器群を出土する上峰村五本谷方形周溝墓群があり，礫槨など古式の内部主体を持つ中原町雌塚・雄塚両古墳がこれに後続する。5 世紀代では上峰村大塚古墳が古式の横穴式石室より後半に位置づけられる。6 世紀には 7 基以上の前方後円墳が認められるが，主に石室・円筒埴輪・須恵器の型式より右図のように位置づけられよう。7 〜 8 世紀の古墳群としては鳥栖市東十郎古墳群が著名であるが，須恵器により 8 世紀前半までの編年が可能である。

　以上を通観すれば，定形化以前の古墳や方形周溝墓は佐賀平野東部地域にまず出現するが，前方後円墳は 5 世紀代まで西部地域が中心となり，6 世紀代には再び東部地域が隆盛を示す。一方，玄海灘沿岸地域では 5 世紀中頃まで首長墳が継起的に営まれるものの，その後の展開を追う事ができない。今後はその歴史的意義を明確にするためにも編年の鍵となる基礎資料をさらに充実させる必要がある。

註
1) 松尾禎作『佐賀県考古大観』祐徳博物館，1957
2) 木下之治「古墳文化」『佐賀県史』上巻，1968

年	肥前地域の編年			参考とする古墳	備 考
	玄海灘沿岸地域	佐賀平野西部地域	佐賀平野東部地域	北 部 九 州	

玄海灘沿岸地域：経塚山、杢路寺、横田下、久里双水、セセリ谷、向江山、夏崎、瓢塚、小島、祖集島鬼塚1号、部田

佐賀平野西部地域：下久米1号墓、久米1号墓、戌周溝墓、茶筅塚、銚子塚、熊本山、風楽寺道善寺、藤附E ST002周溝墓、矢ノ浦山王山、朝日、丸山1号、権現山、円山、五本黒木丸山、玉島、船塚、西原、西隈、外園、樋の口、ツカサマ、玉島、島田塚、淵上、六本黒木ST042、かぶと塚、猿嶽A、小隈山ST006、潮見、地蔵山、姫塚、金立開拓ST024、築山、金立開拓ST047、金立開拓ST020、行成鬼塚、姫御前、一本松1号、永池、金立開拓ST009、山ノ上ST001、金立開拓ST043、金立開拓ST041、金立開拓ST006、金立開拓ST002、天神尾31号、山ノ上ST011、天神尾30号

佐賀平野東部地域：西一本杉ST008、本川原1号墓、西一本杉ST009、五本谷1号墓、五本谷2号墓、五本谷3号墓、岸田ST002周溝墓、雌塚、雄塚、一本谷周溝墓、山浦3号、ひょうたん塚、山浦10号、金立開拓ST032、東尾大塚、船石ST002、上のびゅう塚ST002、船石ST003、大塚、太田東方、関行丸、古稲荷塚、塚山、稲荷塚、剣塚、姫方、庚申堂塚、岡寺、田代太田、伊勢塚、高柳大塚、東山、山浦1号、寺ヶ里ST001、東十郎6-3号、東十郎3-6号、東十郎6-5号、東十郎6-10号、東十郎1-2号

北部九州（参考とする古墳）：赤塚、石塚山、原口、端山、神蔵、一貴山銚子塚、老司、丸隈山、石人山、月の岡、塚堂、勝浦12号、御所山、日拝塚、岩戸山、乗場、東光寺剣塚、重定、楠名

備考

縮尺　1:1/6、2:1/12、3・4:1/20
　　　5〜16:1/8
挿図は各報文より作成

1 西一本杉ST008
2 下久米1号方形周溝墓
3 銚子塚
4 谷口
5 横田下
6 船石ST002
7 六本黒木ST042
8 六本黒木ST042
10 島田塚
11 金立開拓ST020
12 東十郎6-3号
13 金立開拓ST043
14 金立開拓ST006
15 東十郎6-5号
16 東十郎6-10号

縮尺　0　　　　200m

吉　備

正岡睦夫
岡山県教育委員会

　吉備と呼ばれた地域は，岡山県全域と広島県の東部に及んでいるが，ここでは岡山県内をとりあげたい。この地域は律令制下にあっては備前・備中・美作の3国に分かれている。

　古墳かそれとも古墳以前のものか，論争のたえない墓がある。楯築遺跡は直径40m余の円丘の2方向に突出部があり，全長70mにもなる。主体部には木槨があり，多量の朱を用い，鉄剣・玉類が副葬されている。しかし，出土する土器は弥生後期の上東式土器であり，弧帯石のほか多数の特殊器台を立て並べている。この時期の墳墓は数100mおきに群集して点在し，広い地域の中で隔絶した存在ではなく，定形化した古墳に先行するものとすべきであろう。黒宮大塚もほぼ同時期のものである。

　吉備における最古の古墳をどれと考えるかについては，今後の検討が必要となるが，一応湯迫車塚古墳をあげておきたい。全長48.3mの前方後方墳で，主軸に直交する竪穴式石室内から三角縁神獣鏡他13面・鉄器多数を出土している。墳丘から出土した土器には，壺・甕・高杯がある。甕の底部は薄い器壁で，内面に指頭圧痕があり，外面は湾曲にくせを残し，胴部とは別方向のヘラミガキをしている。平底の残影であり，いわゆる「下田所式」といわれるものの終末期に比定される。三輪山墳墓群に続く丘陵上の天望山古墳から採集された土器片にも，同時期に比定されるものがあり，最古のグループと考えられる。

　次に，都月坂1号墳から出土した特殊器台の系譜をもつ円筒埴輪を出土する古墳がある。浦間茶臼山古墳は全長140mあり，すでに破壊された竪穴式石室からは鏡・勾玉・鉄器・銅鏃が出土したと伝えられている。他に，網の浜茶臼山古墳，操山109号墳，七ツ坑古墳などがある。中山茶臼山古墳も類似する埴輪を出土している。

　金蔵山古墳は丘陵上に位置し，全長165mで，後円部の竪穴式石室から鏡・鍬形石・石釧・筒形銅器・武器・玉類など多数を出土している。墳丘には多量の埴輪が樹立されており，円筒埴輪は川西編年II期にあたる。

　造山古墳は自然丘陵を利用して造った全長350mに及ぶ巨大な前方後円墳である。墳丘には多量の埴輪が使用されている。一部に新しいものもみられるが築造期のものは川西編年III期である。周辺に6基の陪塚があり，そのうちの榊山古墳からは陶質土器が出土している。美作地域には直径60mの月の輪古墳がある。これらは5世紀前半に比定されよう。

　作山古墳も自然丘陵を利用して造った全長285mの巨大な前方後円墳である。墳丘には円筒埴輪が樹立されている。川西編年IV期である。両宮山古墳は全長192mあり，周濠をめぐらす巨大な前方後円墳である。本墳からは埴輪を確認していないが，周辺にある陪塚からは須恵質の埴輪や須恵器を出土している。これらは5世紀後半に比定されよう。

　6世紀前半の古墳には，顕著なものがみられない。中宮1号墳は直径18mの円墳に造り出しが付く。主体部は小型の石材を使用した片袖式横穴式石室である。

　6世紀後半になると，各地域に爆発的な古墳の築造が行なわれている。大部分は直径10m余の円墳であるが，少数ながら前方後円墳も築かれている。江崎古墳は作山古墳と谷を挟んだ東側の丘陵にあり，全長45mの前方後円墳である。前方部は高い稜線方向にあり，著しくひらく。主体部は巨石を用いた横穴式石室である。こうもり塚古墳は全長100mの前方後円墳であり，この時期の古墳では最大規模である。貝殻石灰岩製家形石棺があり，追葬には陶棺も用いている。

　また，巨石を使用した横穴式石室をもつ円墳もある。箭田大塚古墳は直径54mの円墳で，小さな造り出しがある。墳丘からは人物・円筒埴輪を出土している。石室は全長19.1mにもなる。牟佐大塚古墳は直径30mの円墳で，全長18mの横穴式石室がある。

　7世紀には追葬が盛んに行なわれているが，新たに築造された大型の古墳は少ない。唐人塚古墳は賞田廃寺に近接し，墳形は明確でないが，全長13.6mの横穴式石室がある。石材は切石状に加工されている。内部には凝灰岩製の家形石棺（身部）がある。

　備中には切り石造りの長砂の石棺がある。

年	吉備地域の編年			参考とする古墳	備考
	美作地域	備中地域	備前地域		

（年代目盛：200・300・400・500・600・700）

美作地域
下原観音山／胴塚／岡高塚／月の輪／四ッ塚13号／中宮1号／鴻ヶ池

備中地域
天望山／都月坂1号／中山茶臼山／卓山／榊山／造山／作山／双つ塚／三輪山6号／箭田大塚／江崎／こうもり塚／長砂石棺

備前地域
車塚／浦間茶臼山／長尾山／鶴山丸山／金蔵山／神宮寺山／天神山／鹿歩山／黒島／両宮山／船山／築山／波歌山／弥上／八幡大塚／牟佐大塚／双塚／唐人塚

参考とする古墳
箸墓／三ツ城

備考
「下田所式」最終末
都月型埴輪
車塚　S＝1/□
鎌木「山陽における古墳の年代」『考古学ジャーナル』164
埴輪川西編年Ⅱ期
埴輪川西編年Ⅲ期
金蔵山　S＝1/13
西谷・鎌木『金蔵山古墳』
埴輪川西編年Ⅳ期
陶邑MT15
陶邑TK10
埴輪川西編年Ⅴ期
陶邑TK43
横口式石槨
縮尺　0 ─── 300m

出雲

■ 前島己基
奈良国立博物館

島根県の東半部を占める出雲地方には，3,000基を優に越すとみられる多数の古墳と古墳群が分布する。いまそれらについて墳丘の形式や出土土器などから，その動向を編年的にあとづけようとする時，大きく三時期に分けると説明しやすい。以下，地域区分として東の安来平野をA，中央部の松江平野をB，西の出雲平野をCとし，その概要を述べる。

第Ⅰ期 四隅突出型の特異な方墳と地山の削り出しにより造成した方墳・前方後方墳が展開する時期で，前後の二小期に分けられる。前半期は出雲の土師器編年でいう的場式から鍵尾A-5号墓式に該当し，Aの仲仙寺，Cの西谷丘陵などに四隅突出型方墳を中核とする顕著な古墳群が形成される。日本海岸を中心とする地域的な政治集団の中で生成・発達した墓制で，なかには西谷の3，9号墳のように墳丘の差渡しが47〜48mに達するもの，また吉備地方に特徴的な立坂式の供献土器を伴うものも知られている。後半期の様相は，布留式併行期の小谷式土器を伴う古墳によって示される。大型方墳で葺石を伴うAの造山1，3号墳，大成古墳，Bでは寺床1号墳，広くCに含まれる斐伊川中流域に築かれる神原神社古墳，松本1号墳などがそれである。このうち，四隅突出型方墳と密接な関連をもつAの諸墳は，狭長な竪穴式石室や副葬品の組み合せなどに，畿内勢力との接触をうかがわせるが，墳形にはすべて方形プランを採用し，畿内型古墳祭式に対して自主，選択的な姿勢を示すことが注意される。景初三年銘鏡を伴うCの神原神社古墳もやはり方墳であるが，Aの方墳群とはやや異なり，大半盛土で築かれ，葺石も見られない。前方後方墳としては山越えルートにより吉備方面とつながる松本1号墳が注目される。

第Ⅱ期 四角い系統の古墳（方系墳）に対して，新たに前方後円墳が現われ，円墳とともに丸い系統の古墳（円系墳）が進展する時期である。やはり前後の二期に細分される。前半期はAに宮山1号墳や造山2号墳などの大型前方後方墳が築かれるなか，出雲に最初の前方後円墳が姿を見せる。Cの大寺古墳がそれで，4世紀末から5世紀初頭にかけて政治情勢に新しい変化があったことを物語る。その後，前方後円墳は内海・陸路の要地をおさえるように拠点的に分布範囲を広げる。これが後半期の様相で5世紀中頃から終りごろまでが該当する。Aの毘売塚古墳，Bでは大橋川沿いの手間古墳，井ノ奥1号墳のほか玉作遺跡関連の扇廻，報恩寺の2基，Cでは建部伝承地に築かれる神庭岩船山古墳，軍原古墳などが挙げられる。これらには長持形石棺，舟形石棺をもつものが多い。方系墳は，それまでAの荒島丘陵あたりに顕著なものが目立ったが，5世紀中頃からBで著しい展開をみせ，とくに意宇川下流域には大庭鶏塚，竹矢岩船古墳，石屋古墳など有数の規模をほこる方系墳が見られる。古墳群も山本編年による山陰須恵器の第Ⅰ期を伴う金崎古墳群のように方系墳を主体に形成される。

第Ⅲ期 円系墳の進出にあわせ出雲に累葬用の横穴式石室がもたらされ，それがBとCでそれぞれ特色ある発展をとげる時期で，前後に細分される。的確な時期はおさえにくいが，その前半期に，意宇川下流平野の内懐に大庭鶏塚古墳の後を受け，山代二子塚という最大規模の前方後方墳が築かれる。このあとBでは前方後円墳が急速に姿を消すことが注意される。つづいて山陰の須恵器の第Ⅲ期に編年される後半期，これは6世紀後半を中心とする時期で，方系墳の伝統が根強いBでは，薄井原古墳や御崎山古墳，銘文入り鉄剣を出して話題を呼んだ岡田山1号墳などの有力な方系墳に結びついて，組合せ式の横口付家形石棺を内蔵する割石積みの横穴式石室が盛行する。また古天神古墳，山代方墳などのように九州の横口付家形石棺に起源をもつ，石棺式石室が独特の展開をみせる。数の上で該期古墳の主流をなす横穴は，石棺式石室の影響を受けて多く四注式平入りである。これに対してCでは新たに神戸川下流域に6世紀中頃から妙蓮寺山，大念寺，上塩冶築山古墳など次々すぐれた大型の横穴式石室墳が現われる。これらは外形が前方後円墳ないし円墳で占められ，内部構造も切石や割石積みの細長い横穴式石室に刳り抜き式の横口付家形石棺をもつなど，Bときわだった相違を示す。横穴もBとは異なり妻入り系統のものが目立つ。

年	出雲地域の編年			参考とする古墳	備　考
	安来平野	松江平野	出雲平野		
200					
	仲仙寺古墳群		西谷古墳群	富山・杉谷4号	土師器　的場式土器
300					
	安養寺3号			岡山・備前車塚	土師器　鍵尾A-5号墓式土器
	進山3号　宮山4号	寺床1号	松本1号		土師器　小谷式土器
	大成		神原神社	大阪・和泉黄金塚	
400	宮山1号		大寺		
	毘売塚	竹矢岩船　扇廻	神庭岩船山		須恵器　山本編年Ⅰ
		井ノ奥4号　山代二子塚			
500				福岡・岩戸山	
		山代方墳			
		御崎山	妙蓮寺山		須恵器　山本編年Ⅲ
		岡田山1号	大念寺		
600			上塩冶築山	奈良・石舞台	
700					縮尺　0　　　200m

讃　岐

■ 玉城一枝
橿原考古学研究所

四国の なかでも 圧倒的な 数の前方後円墳が 分布[1] する讃岐地方において，阿讃積石塚分布圏とも称される徳島県吉野川流域を含めた積石塚古墳の展開は，重要な位置を占める。近年，石清尾山から平野部に派生する丘陵上で，鶴尾神社4号墳の調査が行なわれ，全長 47m の前方部がバチ形に開く積石塚前方後円墳であることが判明した。さらに墳丘上から出土した壺形土器は，畿内の庄内1式期にまで遡りうる可能性をもつ。そして，猫塚古墳は，5または9の竪穴式石室をもつと考えられている双方中方（?）墳である。副葬品には時期差が認められるが，中央石室から出土したとされる壺形土器は胴部下半に叩き目が残り，庄内式から布留式にかけての過渡的な様相を示す。

石清尾山塊の積石塚には内容不明のものが多いが，割竹形石棺をもつことや埴輪の細片などから，新しくみても5世紀前半を下らないと考えられる石船塚までの間にすべて包括されるであろう。

讃岐の積石塚は，比高100mをこえる高所立地というきわだった特色をもつ[2]。これはその築造が前期を中心とした時期に限定されることとも深くかかわる。しかし，前期から中期にかけてはほとんど積石塚だけで構成される石清尾山塊を除けば，県内各地ではやはり盛土墳が主流を占める。

寒川町など三町にまたがる雨滝山遺跡群においては在地的な墓制のなかから，京都府椿井大塚山古墳と同型の三角縁三神五獣鏡をもつ奥3号墳が出現し，前方部がバチ形に開き顕著な持ち送りの竪穴式石室をもつ古枝古墳へと続く。

急峻な山を隔てた津田湾沿岸は農業生産に適さないが，海を生産基盤とした勢力が伸長する。龍王山古墳（円墳・径25m）のように狭長な竪穴式石室をもつ古墳が築かれる一方，背後にそびえる火山で産出する凝灰岩が岩崎山4号墳・赤山古墳などの刳抜式石棺材として用いられた。しかし，前期に隆盛をきわめた津田湾勢力は，革綴式短甲をもつ岩崎山1号墳（円墳・径15m）以降，急激に弱小化する。その頃，雨滝山の南方に広がる肥沃な平野に突如として出現したのが，盾形周濠をもつ四国最大の富田茶臼山古墳（全長 140m）である。広範囲にわたる首長集団が吸収され統合された結果と考えられるが，付近にはその後に続く有力古墳は存在しない[3]。そして，このような傾向は東讃全域にも通じることである。

西讃地域では，善通寺市大麻山周辺にとくに前方後円墳が集中し，前期から後期にわたる首長墓系列をおうことができる。大麻山の北東に広がる丸亀平野には，中ノ池遺跡・彼ノ宗遺跡・旧練兵場遺跡など農耕社会の着実な発展を物語る遺跡が数多い。弥生時代以来の経済基盤は古墳時代にも受け継がれ，安定した支配が浸透した。

野田院古墳は標高405mの高所に立地する。前方部盛土，後円部積石という特異な形態をとり，持ち送りの板石小口積み竪穴式石室は，讃岐の古式古墳に通有の東西方向を示す。磨臼山古墳は拳大の円礫に覆われた舟形石棺を出土している。そして鶴ヶ峰1号墳では河原石を用いた竪穴式石室[4]から玉類を多く出土し，中期の築造が考えられる。王墓山古墳は，横穴式石室内に石屋形をもつ全長 45m の前方後円墳である。全国初の金銅製冠帽をはじめ，武具・馬具などの豊富な遺物を検出した。須恵器は二型式に分かれ，石室の状況も追葬を示唆している。近い時期のものとして周濠をもち横穴式石室の存在が推定される菊塚古墳があるが，先後関係は明確でない。さらに消滅した北原古墳は横穴式石室に森編年III後半の須恵器を伴っていた[5]という。

大麻山周辺でのその後の空白を補うように西方約4kmの平野部には梳貸塚（円墳・径 35m），平塚（円墳・径 52m），角塚（方墳・一辺 43m）が近接して築造されている。

註

1) 香川県 94 基（確実なもので 80 基以上），愛媛県 16 基，徳島県 15 基，高知県 2 基
2) 例外としては津田町鵜の部山古墳（比高 14m），徳島県萩原墳墓群1号墳（比高 18m）。ただし，萩原1号墳は砂岩礫を用いた低平な墳丘をもち，一連の積石塚とは違った系譜が考えられる。
3) 石室全長 10m 以上で6世紀後半に比定できる中尾古墳（寒川町）が注意される程度である。
4) 県内の河原石積み石室については，前期では丸井古墳を含む長尾町塚原山塊に集中し，中期に一般化するとされている（大山真充「河原石積みの竪穴式石室について」考古学ジャーナル，225，1983）。
5) 斎藤賢一氏のご教示による。

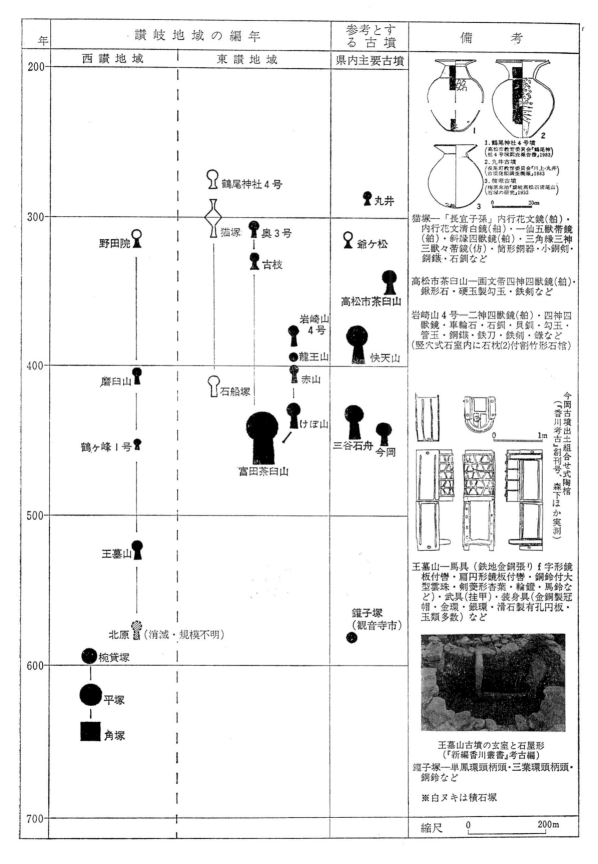

播 磨

■ 櫃 本 誠 一
兵庫県教育委員会

播磨地方は六甲山地および中国山地に源を発する，5つの河川流域を含む大国である。これらの地域は，『延喜式』によると明石，賀古，印南，飾磨，揖保，赤穂，佐用，宍粟，神崎，多可，賀茂，美嚢の 12 郡に分けられている。それぞれ各郡は，古墳時代においても，ほぼ同様な地域的なまとまりを示していたかと思われる。しかしながら「播磨国」と呼ぶべき大きな地域単位については，『国造本紀』や『播磨風土記』などにみられるように，明石国造，針間国造，針間鴨国造などがみられ，律令制の播磨国とは異なった地域単位であったらしい。

イ．明石川流域 明石川流域の古墳を考えるうえで，五色塚古墳の位置づけがもっとも困難な点であろう。全長198mの県下最大の前方後円墳である五色塚古墳は，摂津・播磨の国境付近に営まれ，厳密には明石川流域に属さない垂水丘陵の突端部に立地する。しかしその地は明石海峡や淡路島を手にとるように望むことができ，それらを意識した選地とも考えられる。埋葬施設の調査は行なわれていないが，墳丘の調査が継続的に実施された結果，4世紀末〜5世紀初頭の築造と想定されている。五色塚古墳を明石川流域の古墳とみてよいとすれば，天王山4号墳→白水妻塚→五色塚古墳→王塚古墳の順に築造されたと推測される。白水妻塚および王塚古墳の規模が，ほぼ 70m 程度であるのに比して，五色塚古墳はきわめて隔絶した規模を示しているなど，なお十分に位置づけることができない。

ロ．加古川流域 加古川は最大の流域面積をもち，上流域は丹波地方の多紀郡，氷上郡地方，中流域は多可郡，加東郡あるいは加西市，小野市，そして下流域の三木市，加古川市においてそれぞれ顕著な古墳が分布している。古墳の分布からみると各地域に中核となる古墳群が存在し，下流域の加古川市，中流域の加西市において流域を代表する大型古墳が築造されている。

加古川下流域の日岡古墳群は前方後円墳4基，大型円墳1基，小型円墳 10 基からなる。その大部分は前期から中期前半の古墳であるらしいが，内容の明らかなものは少ない。中期にはこの地域最大の全長約110mの行者塚古墳が成立するが，それ以後では大型前方後円墳は認められない。

中流域は針間鴨国造が支配した地域に該当する。全長107mの玉丘古墳を中核とし，3基の前方後円墳，5基の大型円墳からなる玉丘古墳群がある。最古式の古墳は知られていないが，終末期古墳までその墓制をたどることができる。

ハ．市川・揖保川流域 市川流域は律令期の中心地で，国衙や国分寺がおかれている。古墳の分布も播州平野最大の全長140mの壇場山古墳が営まれている。しかしながら壇場山古墳に先行する大型墳はさらに西の大津茂川，揖保川に立地する。この地域ではすでに河川流域を越えたまとまりが，古墳時代前期には成立していたかと推測される。これまで全長101mの丁瓢塚古墳は中期前半の古墳と考えられてきたが，その墳形がバチ型を呈することや，墳丘から古式土師器が採集されている点を考慮して，さらに古式の古墳と見るべきであろう。さらに丁瓢塚古墳につぐ大型墳は全長約110mの興塚古墳であろう。詳細は不明であるが，丘陵上に築造された竪穴式石室を埋葬施設とし，円筒埴輪を有している。

揖保川流域では，古墳時代前期の小型前方後円墳が数多く築造された地域であるが，周濠を配した典型的な中期古墳は知られていない。この地域では横穴式石室を埋葬施設とする西宮山古墳を最後に，前方後円墳は築造されることがなかった。

ニ．千種川流域 千種川流域では，小規模な前方後円墳が 2，3 基指摘されてはいるが，なお確定するに至っていない。この地域では相生市・赤穂市および上郡町に，古墳の分布が顕著である。前期末の古墳としては西野山3号墳が著名であるが，典型的な大型前方後円墳は知られていない。わずかにミカンのヘタ山古墳・塚森古墳などが，大型円墳として知られるにすぎない。以上の状況に比して巨石墳である那波野古墳や，終末期の若狭野古墳をはじめ，西野山古墳群・野田桐谷古墳群など，後期古墳に見るべきものが多い。

上流域では古墳の分布は希薄で，前方後円墳についてもやや疑問のある横坂1号墳が指摘されているにすぎない。

年	播磨地域の編年					参考とする古墳	備　　考
	(イ)明石川流域	(ロ)加古川下流域	(ハ)加古川中流域	(ニ)市川・揖保川流域	(ホ)千種川流域		
200							
300		西条52号		横山1号	養久山一号	(ニ)金剛山6号	西条52号―庄内Ⅰ式土器・内行花文鏡
	天王山4号	長慶寺山一号 聖陵山 南大塚 北大塚		権現山 丁瓢塚50号 松田山 御旅山6号	吉島	(ニ)権現山51号 (ニ)三ツ塚1号 (ロ)西大塚(75m) (ロ)東車塚	天王山4号―庄内Ⅱ式土器 権現山51号―特殊埴輪 聖陵山―銅鏃13本 吉島―鏡6面 東車塚(20m、円墳)―鏡3面・石釧2
	妻塚		亀山		西野山3号	五色塚(198m)	北大塚―粘土槨 玉丘、壇場山―長持形石棺直葬
400	王塚	行者塚 人塚 池尻2号 カンス塚	玉丘古墳 カンス塚	壇場山 山之腰 宮山	みかんのへた山 蟻無山 中山1号 塚森	丹波・雲部車塚(140m)	行者塚―円筒・形象埴輪 山之腰―長持形石棺直葬 カンス塚―須恵器
500	金棒池 亀塚	西山1号 池尻15号 池尻16号	寺山 出屋敷	多田 西宮山	西野山9号 西野山5号	(ニ)小丸山 (イ)大歳山2号	西山1号―須恵器 西宮山(横穴式石室)―須恵器 池尻15号―須恵器 池尻16号―須恵器 後藤山(家形石棺)
600			後藤山 石櫃戸		那波野 若狭野	大和・菖蒲池 大和・西宮 大和・峯塚	石櫃戸(切石石室) 若狭野(横口式石槨)
700							縮尺　0　　200m

但　馬

■ 瀬戸谷　晧
豊岡市立郷土資料館

　但馬の古墳は，円山川とその支流域に主として分布し，一部その周辺地域におよんでいる。以下，先学の業績によりながらその編年試案を示すことにしよう。その際，便宜的に①円山川流域，②出石川と周辺地域，③旧山陰道沿いの村岡と周辺地域に分けて説明を加えていくことにしたい。

　円山川流域　上・中流域は，おおむね朝来，山東，和田山，養父の各町を含む地域である。和田山町城の山古墳は，径 34m の円墳で長く狭い箱形の木棺を直葬していた例で，三角縁神獣鏡を含む6面の銅鏡を初め豊富な副葬品を有していた。鏡式が新しいものを含む点や石釧・琴柱形石製品などの伴出から4世紀末葉に位置づけられる。

　本墳に隣接する池田古墳は，墳丘全長 141m，周濠を含むと主軸長 172m の大型前方後円墳である。遺物は，埴輪類のほか周濠内から6世紀前半の須恵器が検出されている程度で内部構造は不明である。円筒埴輪や葺石を伴う三段築成の古墳と考えられ，次に述べる同町高田所在の長持形石棺との関連も考慮される。

　池田古墳から約 3.7km の同町高田所在の墓地内に，長持形石棺の蓋石が基礎・土留め用の石として用いられている。竜山石製と推定される本例は，側方の縄掛突起をはさむ形でいわゆる格子状彫刻がなされた，全体のおよそ5分の1あまりの破片である。大阪府津堂城山古墳に近い例で，池田古墳の内部構造としても立派すぎるほどのものである。5世紀代初頭ころまでに納まるものであろうか。

　上流の朝来町には船宮古墳がある。周濠を伴う前方後円墳で，墳丘全長 80m を測る。やはり内部構造は不明であるが，葺石様のものや円筒埴輪が散見する。

　また円山川下流域，河口近くの城崎町小見塚古墳は，粘土槨を内蔵していたらしい小規模な古墳で，三角縁波文帯神獣鏡・鉄鏃・紡錘車型石製品・突帯の鋭い円筒埴輪をもつ4世紀後半ころの古墳と考えられている。大神塚古墳は，同町上山

にある長径 41m の長円形を呈する大型円墳で，須恵器を有する。少なくとも1基は石室であり，比較的小型の石が用いられており，横穴式石室であれば古い部類に入れられよう。6世紀前半代の古墳であろう。

　後期古墳も優勢なものが認められ，二見谷1・4号墳，ケゲヤ古墳，海岸部の豊岡市風谷古墳などは6世紀後半から7世紀代にかけての横穴式石室古墳である。

　出石川とその周辺地域　豊岡市森尾古墳は，少なくとも3基の竪穴式石室をもつ例で，三角縁神獣鏡を含む3面の銅鏡を初め豊富な副葬品が出土している。鉄鏃や銅鏡に古い様相が認められる一方で，石杵，銅鏃，ガラス勾玉などに新しい傾向をみる見解もあり，にわかに時期を限定しにくい要素をもつ。

　出石町の長持形石棺も出土地が不詳であるが，前述した和田山町の例に近い内容をもっており，小口部と蓋石の一部が残り，蓋表面に格子状彫刻がある。

　豊岡市北浦 18 号墳は，器台形土師器を転用した枕をもつ古墳で，5世紀中葉以前に位置づけられ，同じく深谷古墳群は優秀な石枕や石棺をもつ方墳2基からなり，後漢鏡片を副葬していた。

　村岡町周辺地域　この地域は，竪穴式石室内に，土師器高坏の転用枕をもつ庵ノ谷2号墳に始まり，蓮華文を描いた終末期近くの方墳である長者ヶ平2号墳まで，比較的安定した勢力の存在を示す古墳がそろっている。

　庵ノ谷2号墳は前方後円墳であったとされており，遺物から5世紀代前半のものと考えられる。八幡山古墳群は，5世紀代終りころから6世紀前半代にかけての竪穴系横口式石室をもつ円墳群である。

　また，前方後円墳とされる高井古墳があるが，その実態については不詳である。巨石があったことから横穴式石室の可能性が指摘されている。長者ヶ平1号墳の主体部は不明なものの，6世紀代の大型円墳である。これに続いて，近くに豪華な副葬品をもっていた文堂古墳や，終末期近い長者ヶ平2号墳が築造されている。

　八鹿町箕谷2号墳から，「戊辰年五月□」の銘をもつ鉄刀が出土し，但馬の後期古墳に一定の実年代が与えられそうである。今後，より詳細な検討がなされよう。

年	但馬地域の編年			参考とする古墳	備　考
	円山川流域	出石川とその周辺	村岡とその周辺		
200					
300	□妙楽寺	□立石			立石墳墓群 / 立石墳墓群 / 妙楽寺墳墓群 / 小見塚 / 小見塚―鋭い突起をもつ埴輪
	小見塚	□森尾			森尾
	●城の山				城の山
400	●ホーキ ●池田	●カチヤ ■深谷1号 ●北浦18号	庵ノ谷2号 ■上山		庵ノ谷2号 / 池田 / 茶臼山―須恵質埴輪
	●船宮		●茶臼山		北浦18号
500	●小盛山 大神塚 ●見手山 ●観音塚 ■禁裡塚 ■西の岡 ●ケゴヤ	●立石105号	高井 ●長者ヶ平1号 ■箕谷2号		見手山 / 観音塚 / 大神塚
600	■コウモリ塚		■長者ヶ平2号		長者ヶ平2号 / 箕谷2号
700					縮尺　0　200m

摂 津

■ 森 田 克 行
高槻市立埋蔵文化財調査センター

北摂にある三島地域に焦点をあてて概観してみる。三島地域は淀川中流域の北側にあり，北摂山地から流れ出る安威川・芥川などの中小河川が平野部を形成していて，古来より三嶋野とよばれている。表は三島野の中央部にある低位段丘の分水界を目安として，各古墳を東西に分記したものである。

三島最古の古墳は東地区の南平台丘陵に築かれた弁天山古墳群で，とりわけＡ１号墳・Ｂ１号墳・Ｃ１号墳の３基は古墳時代初期において首長墓の系譜がうかがえる一群として夙に知られている。Ａ１号墳は一部調査がおこなわれ，前方部で竪穴式石室を検出している。埴輪はなく，特殊壺がみられる。また最近後円部裾で組合せ箱式石棺を認めている。Ｂ１号墳は未調査で埴輪も確かめられていない。Ｃ１号墳は竪穴式石室１基と粘土槨２基があり，楕円筒を含む埴輪を検出している。これら３基の古墳では，平野部にいちばん近く築かれたＡ１号墳がもっとも有利な条件をもつことから，かりにＡ１→Ｂ１→Ｃ１とすると，選地条件の劣化・規模の変遷・後円部と前方部の比高差の漸減などに整合性が見い出せる。つぎにくるものとしては郡家車塚古墳（南河内産鰭付円筒埴輪）や萩之庄古墳（粘土槨，碧玉製品）がある。西地区では紫金山古墳（南河内産埴輪）と将軍山古墳が著名であるが，勾玉文鏡や碧玉製鍬を含む副葬品の総体からすれば，４世紀後半に編年されよう。

５世紀に入ると，東地区ではまず有黒斑の埴輪を出す古墳のなかで，須恵器を伴わない前塚古墳（長持形石棺）や紅茸山Ｃ３号墳（割竹形木棺直葬，南河内産埴輪）が先行し，初期須恵器を伴出する岡本山Ａ３号墳，狐塚１号墳などが引き続いている。後半になると無黒斑の埴輪をもつ墓谷２・４号墳（三島新池窯産埴輪），紅茸山Ｃ２号墳（南河内産埴輪）がある。西地区では５世紀前半に顕著な古墳はなく，後半に至って太田茶臼山古墳，土保山古墳，二子山古墳，番山古墳（いずれも新池窯産

埴輪）などが次々に築かれている。土保山古墳の副葬品のなかでは横矧板鋲留式短甲・弓矢・盾などの武具類が目立っている。

６世紀では東地区にあり継体天皇陵に比定されている今城塚古墳（新池窯産埴輪）が特筆され，その年代を530年前後におくことに異論はない。その後では狩猟を表現した埴輪祭祀のみられる昼神車塚古墳や中将塚古墳などがある。西地区では南塚古墳・青松塚古墳（横穴式石室）などが後半期に営まれている。また此紀以降各小地域では群集墳が出現している。この時期の埴輪はいずれも新池窯産であるが，６世紀末葉に比定される耳原古墳（竜山石製刳抜式と組合式家形石棺）にはもはや埴輪はみられない。

７世紀の東地区には際立った古墳はみられず，西地区に集中している。なかでも塚原古墳群の北端部に位置する阿武山古墳（漆喰塗横穴式石室，夾紵棺）は傑出しており，最近の調査で得られた資料（須恵器蓋杯）は７世紀前半に築造されたことを示している。同時期の古墳としては谷を隔てたところにある初田２号墳（漆塗木棺）があり，やはり同期の蓋杯が出土している。最後尾に位置づけられる古墳として，塼片を床面に敷き込んだ初田１号墳や棺金具・宝珠付蓋杯を検出した塚原Ｎ２・Ｎ５号墳があげられる。

三島野は古代の三島郡（評）の地域に相当し，東西の２地区はのちの嶋上郡・嶋下郡にほぼ該当する。東地区では弁天山古墳群以降，首長墓の継起的な造墓がうかがえるのに対し，西地区では４世紀の造墓から太田茶臼山古墳の間に断絶がみられ大きく異なる。そして茶臼山古墳の造営を契機として新池埴輪窯が築かれていることからすると，古墳編年上一つの画期にもなり，以後三島に他地域からの埴輪の搬入はみられなくなる。今城塚古墳は地域の編年を超えた位置づけが必要であろうが，絶対年代が知れることから，その資料は貴重である。また当該期に比定すべき他の顕著な古墳をみないことも地域の編年上興味がもてる。阿武山古墳については，藤原鎌足墓とみるむきもあるが，資料の編年観からすると極めて困難なことである。むしろ塚原Ｎ２号墳や初田２号墳などの終末期古墳の集中度を評価すれば，太田・安威の地に蟠踞していたであろう集団（のちの中臣太田連・安威連一族）に連なるのかも知れない。

年	三島地域の編年		参考とする古墳	備　考
	西　地　区	東　地　区		
200				
300		弁天山ＡＩ号		
		弁天山ＢＩ号		埴輪祭祀の成立
	紫金山	弁天山ＣＩ号	池田茶臼山 万籟山	
	将軍山	萩之庄Ｉ号 郡家車塚	豊中大塚	
400	安威Ｉ号		安威０号	埴輪〔川西編年Ⅲ〕
		紅茸山Ｃ３号 前塚 岡本山Ａ３号		初期須恵器の出現
		狐塚Ｉ号　奥坂Ａ４号		埴輪〔川西編年Ⅳ〕
	太田茶臼山	墓谷２号　紅茸山Ｃ２号	石　塚	新池埴輪窯の成立
	土保山 二子山	墓谷４号		
500	番山		南天平塚	埴輪〔川西編年Ⅴ〕
		今城塚　昼神車塚		須恵器〔中村編年Ⅱ-3〕
	南塚 青松塚 耳原 新屋古墳群	中将塚	海北塚	埴輪祭祀の終焉
600		安満山古墳群		
	初田２号 初田Ｉ号　阿武山		中山荘園Ｉ号	須恵器〔中村編年Ⅲ-1〕
	Ｎ２号 塚原古墳群	塚脇古墳群		
700				縮尺　0　　200m

河内・和泉

■ 一瀬和夫
大阪文化財センター

　大阪府の南部を占める河内・和泉の地域には3,100基以上を数える多くの古墳が造られている。とりわけ，羽曳野市・藤井寺市の古市古墳群と堺市の百舌鳥古墳群という日本でも有数の二大古墳群が含まれ，それらを軸としてその歴史的重要性は極めて高い地域である。

　最近では，生駒山地と上町台地にはさまれた低地の発掘調査が進んでおり，これまで地表に表象されていなかった周溝墓・古墳が数多く検出されている。中でも大阪市・八尾市にまたがる加美・久宝寺遺跡では弥生時代から古墳時代の過渡的な墳墓が数多く見つかっている。それらの周溝内遺物から，墳墓の時期が細かく検討されつつあり，古墳時代初頭の様相が明らかとなってきている。

　前期では丘陵上に並ぶ柏原市の玉手山古墳群があり，前方後円墳の内部主体である竪穴式石室の型式編年研究がなされている。

　中期では王陵級の前方後円墳が多く含まれることから，『記紀』ひいては中国の『宋書』によるところの，倭の五王としてあらわれる人物の葬られた墳墓の位置づけが古くから探究され続けており，それら年代を限定づける作業の進展が当地域の編年研究の水準を表現しているといってよいだろう。これら前方後円墳の編年作業は，墳丘の形態（前方部の発達）によって位置づけられようとしたし，それらを踏まえ，立地の優先性，わずかに垣間みる内部構造，または大型墳周囲の陪冢といわれる古墳の内部構造，主に副葬品に注目し，主墳に歩みよろうとしたものなどがある。

　中期の中頃から，当地域では横穴式石室を内部主体とする古墳が造られはじめ，山麓沿いを中心として，1,200基を超える群集墳・柏原市の平尾山千塚や八尾市高安千塚などがある。これらの石室は型式編年が行なわれ，現在の横穴式石室の編年において基礎的なものとなっている。

　以上のように，河内・和泉の両地域は，各時期ごとの特徴的なものにより，各々の編年が組まれ，ひいては各古墳の年代観が整えられている。

　また，古墳と関係する特筆すべき遺跡が堺市を中心として拡がる。これは日本でも最大の須恵器生産遺跡・陶邑古窯址群であり，650基近くが調査され，古墳の副葬品として加わる須恵器による編年のみならず，他の集落跡などの遺構の時期決定に有効に使われている。そして，古市・百舌鳥両古墳群には埴輪窯址が，羽曳野市誉田白鳥・野々上，藤井寺市土師の里，堺市梅町の各遺跡で存在し，埴輪編年研究とともにそれが樹立される古墳の編年をも充実させつつある。

　ここでは，これらの古墳を総括的にとり扱うことができないので，とくに古市古墳群に限定し，なおかつ，最近，資料が増加する埴輪に着目して表を作成している。

　埴輪は兵庫県五色塚古墳墳丘部で2,200本，奈良市コナベ古墳外堤内周で2,100本，ウワナベ古墳外堤内外周で5,357本ほどが樹立されていたと推定され，その大量生産性は他の副葬品が稀少性を優先するのに対し，すこぶる著しいものがある。また，埴輪の樹立は墳丘構築の最終段階に属し，内部主体を埋めてからその上に樹立される場合も多く，移動性，伝世性のある副葬品とは異なり，埴輪型式の新しい要素が，樹立される古墳の時期にほぼ相当するものと考えられる。後世の立て替えに関する埴輪による時期決定の弱さが問われることがあるが，管見の及ぶ範囲ではその事実は今のところない。

　これらのことから，埴輪による古墳編年は有効な手段の一つであると考えられ，とくに対象とする古市古墳群においては大型墳丘の多くが宮内庁の管理地となっており，内部主体などを正確に把握することはむつかしい状況にあって，宮内庁境界周辺及び宮内庁による発掘調査ではそれらの古墳から埴輪列が検出されていることもあり，ことさらその有効性を増している。それにとどまらず，削平された古墳の周溝，周濠内からの埴輪の出土があり，これに対しても効果的である。

　本表に用いた埴輪編年に関しては川西宏幸氏のものを基礎としているが，当古墳群ではB種ヨコハケという外面調整技法を施している埴輪が多く細分可能であることから4細分し，C種に関しても2細分している[注]。それらは Ba, Bb…… と呼称し，表に入れた。ただし一古墳の埴輪が一細分内で収まることはめずらしく，大抵の古墳が複数の細分を含んでいる。例えば，墓山古墳は Ba・

Bb 種, 応神陵古墳は Ba〜Bc 種, 允恭陵古墳は Bc・Bd 種といった具合である。表ではこれらの新しい要素のものを基準として上げている。また, 年代観としては允恭陵古墳, 高槻市今城塚古墳などを拠とし, 王陵級の大型墳は考古学上で認識し得る新要素と新技術が先行して表出するものと考えるので, 他と比べやや操りあげ傾向にある。

註) 詳細は, 大阪府教育委員会『允恭陵古墳外堤の調査—国府遺跡 80-3 区—』1981, を参照されたい。

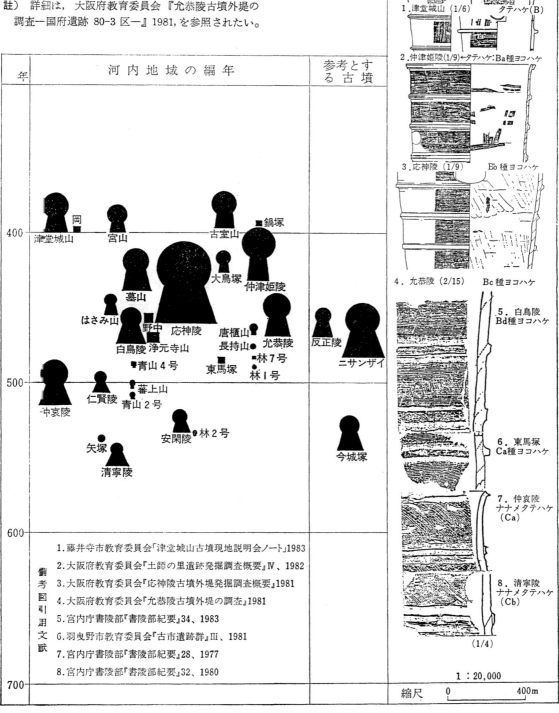

大 和

■ 河上邦彦
橿原考古学研究所

　大和の古墳はその大半が国中と呼ばれる盆地内にあって，他には口宇陀盆地，都介高原，吉野川流域に小規模な古墳が知られているが，今ここでは盆地部分の古墳だけを取り上げることにする。

　盆地内の古墳はその分布状況から幾つかの地域に分けることができる。佐紀盾列古墳群を中心とした奈良市北部地域，東大寺山古墳群や石上・豊田古墳群の天理市北部の地域，大和古墳群及び三輪山麓，外山などに所在する大型古墳を含めた天理市南部から桜井市の地域，そして飛鳥地域，盆地の南端部の南葛城地域，馬見古墳群を中心とする北葛城地域，盆地の中央部及び矢田丘陵から斑鳩・平群地域である。これらの地域はさらに細かく分けることができるが，今ここでは考えない。

　さてこれまでの古墳の編年研究は基本的には古墳の外形と立地条件などで決められていた。そしてその編年資料には大和の多くの古墳が使用されていたが，近年の古墳研究の水準はそのような曖昧な編年基準では対応できないようになってきている。一般的には副葬品，埋葬施設などについても考慮し，全体的な判断から古墳の編年を決定しようとする。しかしこれは発掘調査を実施している古墳については可能であるが，調査されていない古墳については判断基準がない。そうした現状にあって石野博信のおこなった方法は興味深い[1]。石野は大和では最も古式の古墳群であると言われながら調査を実施していない大和古墳群を対象とし，墳丘及びその周辺に散布する土師器を表面採集し，それらの型式を近接する纒向遺跡の土器型式にあてはめ，各古墳の纒向式土器による編年の試案を提示したのである。これによってこの地域の古墳が大和でも最も早い頃に築造された古墳群であることが言えるようになった。とくに石塚古墳は纒向Ⅰ式土器が出土していることから現状での大和最古の古墳とされている。この方法によって前期から中期初の古墳を6つの土器型式に分けた。しかしこれは石野自身が言っているように，採用した資料におのずから限界がある。また纒向

式土器の実年代，編年の組み立て方などにも若干の問題があり，それを使用した古墳の編年案に問題が生じるのは当然の結果で，これまで外形・立地などからかなり後出の古墳と思われていたものが古く編年されたりする。しかしこの古墳群に対して新しい基準で編年案を示すことができないかぎり，むやみに石野案を批判できないだろう。

　前期末から中期以降の古墳群としては佐紀盾列古墳群や馬見古墳群がある。ところがこの地域の古墳には石野が使用した土師器などの散布がなく，また発掘調査した古墳も数少なく，その編年についてもまだ確実に言えない現状である。しかしこれらの古墳群では最近埴輪の表面採集資料の増加や，小型古墳の発掘などから大型古墳についてもその内容を推測することが可能になりつつあり，簡単な編年試案を記したことがある[2]のでここでは結果のみを図示しておく。

　中期後半から後期の古墳はその多くが須恵器を副葬していたり墳丘で表面採集され，編年の基準資料となっている。大和でこの時期の古墳は盆地の南部に多く，とくに飛鳥を中心とする地域や南葛城に集中する。ただ最近の須恵器編年は窯単位の編年が中心であり，またあまりにも細分されているので，古墳の編年に使用する場合には多少問題が生じる。つまり須恵器が使用され古墳に投入されるまで一定期間がある場合があり，須恵器が必ずしも古墳の築造時期のものとは限らないのである。あまり細分された須恵器編年は古墳の編年を考える上でかえって混乱を招くことがある。

　後期末から終末期の古墳は飛鳥地域を中心に分布しているが盗掘の結果によるのか，もともと須恵器が副葬されていないのか，須恵器の検出や採集は少なく，基準資料となるものが無い。ただこれらの古墳の多くは大型横穴式石室が埋葬施設であり，その石室の形態及び石工技術などから編年案を考えたことがある[3]。

　大和には主要な古墳だけでも200基以上あり，詳しくは報告書及び若干の論文を参照されたい。

註
1) 石野博信「大和平野東南部における前期古墳群の形成過程と構成」横田健一先生還暦記念日本史論叢所収，1976
2) 河上邦彦「佐紀盾列古墳群」森浩一編『探訪日本の古墳』1981
3) 河上邦彦「大和の大型横穴式石室の系譜」橿原考古学研究所論集，4，1979

年	大和地域の編年 1		参考とする古墳	備 考
	飛鳥～南葛城	馬 見		

200 —

300 —

400 —

スイセン塚
新沢500号
谷口Ｉ号
倭彦
室大墓
今田山
鑵子塚　屋敷山

新山　宝塚
巣山
乙女山　築山
城山　大塚山
狐井城山

新山・宝塚は鏡を中心とする副葬品による編年

巣山・乙女山には石製品が副葬されている

室大墓は長持型石棺と若干の副葬品及び埴輪

500 —

市尾墓山　飯豊
宣化　宮塚　二塚
見瀬丸山　権現堂　平林
新宮山
欽明

宣化・市尾墓山は須恵器Ｉ～Ⅱ型式

二塚はⅡ～Ⅲ型式の須恵器

600 —

石舞台
都塚　水泥　神明塚
小谷　岩屋山
ケンゴシ塚
鳥谷口
天武
束明神
中尾山
高松塚

牧野

牧野は須恵器Ⅲの後半

石室の比較研究

700 —

縮尺　0　　　300m

53

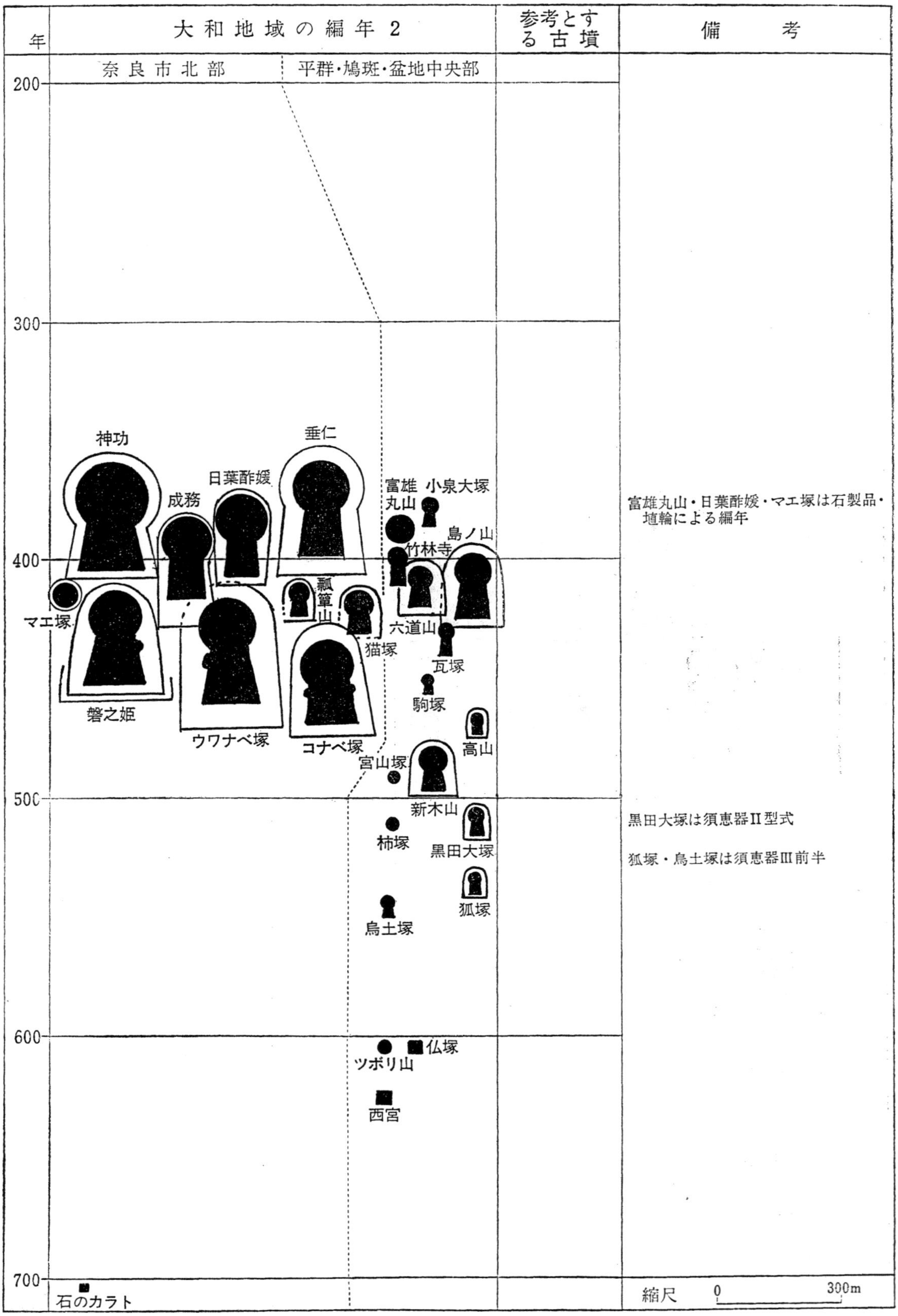

年	大 和 地 域 の 編 年 2		参考とする古墳	備　　　考
	奈 良 市 北 部	平群・鳩斑・盆地中央部		

200

300

神功
成務
日葉酢媛
垂仁
富雄丸山　小泉大塚
島ノ山
竹林寺

400

マエ塚
瓢簞山
猫塚
六道山
瓦塚
駒塚

磐之姫
ウワナベ塚
コナベ塚
宮山塚
高山

富雄丸山・日葉酢媛・マエ塚は石製品・埴輪による編年

500

新木山
柿塚
黒田大塚
狐塚
烏土塚

黒田大塚は須恵器Ⅱ型式

狐塚・烏土塚は須恵器Ⅲ前半

600

仏塚
ツボリ山
西宮

700

石のカラト

縮尺　0　　　　300m

年	大 和 地 域 の 編 年 3		参考とする古墳	備　　考
	天理北部	天理南部～桜井		

200

黒塚　石塚　勝山　矢ハギ

土師器（石野博信「大和平野東南部における前期古墳群の形成過程と構成」)による

300

波多子塚　箸墓　上の山
下池山　西殿塚
口山大塚　東殿塚
赤土山　景行
西山　フサギ　崇神
東大寺山
400　ワニ下神社　櫛山　桜井茶臼山
墓山　小墓　西山塚　メスリ山

東大寺山―発掘調査による副葬品

石上大塚　西乗鞍
兜塚
高槻

須恵器Ⅰ～Ⅱ

500　東乗鞍
ウワナリ　珠城山
別所大塚

狐塚　越塚
天王山

600　象穴山
ゝゝ墓
峰塚　文殊院西
塚平　舞谷

石室の比較研究および須恵器編年による

700

縮尺　0　300m

55

山　城

■ 平良泰久
京都府教育委員会

　山城は，今は干拓されたが近年まで巨椋池が盆地中央部にあり，それにより南北両地域に分断されていた。北山城は丹波の水を集めた桂川流域であり，南山城は伊賀の山中から流れ出た木津川流域である。両地域の古墳はさらに幾つかのグループに分かれるが，各時期の代表的な古墳および古墳グループを右図に示した。

　北山城　この地域で最古の古墳は前方後方墳の元稲荷古墳（94m）である。竪穴式石室は盗掘を受けていて残された副葬品は少ないが，前方部から最古の埴輪である特殊壺形埴輪・特殊円筒埴輪が出土した。以後，向日丘陵上に寺戸大塚古墳（98m），五塚原古墳（98m），妙見山古墳（120m）が順次営まれる。妙見山古墳の埴輪は古い特徴を示すが，石棺と石室の構造や発達した前方部から4世紀後葉に位置づけられる。これまで最古の前方後円墳の一つに数えられていた南原古墳は，最近の発掘調査で全長60mの前方後方墳と判明，年代も埴輪の特徴などから4世紀後半に下がった。

　5世紀代の首長墓は丘陵から平地に下り，前方後円形の周濠をもつ天皇ノ杜古墳（86m）から盾形周濠の今里車塚古墳（74m），恵解山古墳（120m）と続く。恵解山古墳は墳丘の平面形が伝仁徳陵古墳に類似し，最近前方部の副葬品埋納施設から総数700点に及ぶ多量の鉄製武器類が出土した。

　5世紀の中葉以後，北山城の大古墳はそれまでの乙訓地域から，桂川を渡った北の嵯峨野地域に移る。前方後円墳が，段ノ山古墳（75m），清水山古墳（60m），天塚古墳（71m），伝仲野親王墓古墳（64m），蛇塚古墳（75m）の順に築かれたものと考えられるが，内容は不明な点が多い。最も発達した前方部をもつ天塚古墳は，後円部にある2基の横穴式石室出土の須恵器から6世紀前半に，蛇塚古墳は巨石の石室であることから6世紀末頃にあてられる。これらの大古墳のまわりの丘陵上には多くの群集墳が分布している。この地は秦氏の本拠地である。なお先の乙訓では，発達した前方部をもち古式の横穴式石室に組合式家形石棺を納めた物集女車塚古墳（45m）が6世紀前葉に，巨石の横穴式石室をもつ大円墳今里大塚古墳（45m）が6世紀末〜7世紀初頭に築かれる。

　南山城　最古の古墳は，長大な竪穴式石室から36面以上の中国鏡を出土した椿井大塚山古墳（185m）である。バチ形の前方部をもち，葺石はあるが埴輪は伴わない。これに先行する古墳（墳丘墓）として，砂原山古墳が最近知られた。簡単な試掘で詳細不明だが，付属的土壙から山陰系の台付壺を含む庄内期の一括土器が出土した。大半が盛土からなる径25m，高さ3mの明確な墳丘をもつ。この他にも弥生後期の台状墓が2，3知られつつある。

　大塚山古墳に続く平尾城山古墳（110m）で埴輪の使用が始まり，4世紀後葉には有力な古墳が数グループに分かれる。八幡の茶臼山古墳（52m，前方後方），石不動古墳（88m），西車塚古墳（120m），東車塚古墳（90m），田辺の飯岡車塚古墳（87m），城陽の梅ノ子塚1号墳（80m）などである。主体部は，竪穴式石室（西車塚，飯岡車塚）だけでなく，粘土槨（石不動，東車塚）・舟形石棺（茶臼山）が用いられる。西車塚古墳の石製腕飾類や玉類の多彩さは前期古墳としては最も新しい様相であり，これと同様な鋸歯文を刻む滑石製釧は飯岡車塚古墳でも出土している。

　5世紀代の大前方後円墳は城陽に集中して築かれる。これまで芭蕉塚古墳（110m），箱塚古墳（90m），車塚古墳（183m），寺山古墳（170m）の順に築造されたものと考えられていたが，近年の発掘調査の進展と埴輪編年の深化によって芭蕉塚古墳と車塚古墳の前後関係が逆転した。車塚古墳の墳形は伝応神陵タイプ，芭蕉塚古墳は伝仁徳陵タイプである。寺山は古墳の可能性が少なくなった。

　芭蕉塚古墳に続く大古墳は，木津川流域を離れ宇治川右岸に築かれた二子塚古墳（105m）である。今城塚古墳に類似した墳形や埴輪の特徴から6世紀前葉と考えられる。いまは失われた後円部に巨石があったと伝え，主体部は横穴式石室と推定される。

　この二子塚古墳を最後として，南山城から大古墳は姿を消す。小型の前方後円墳が築かれるのも6世紀中葉までで，主体部は横穴式石室（青山1号墳）と木棺直葬（坊主山1号墳，長池古墳）が併存する。群集墳も未発達で，先にみた北山城と好対照をなしている。

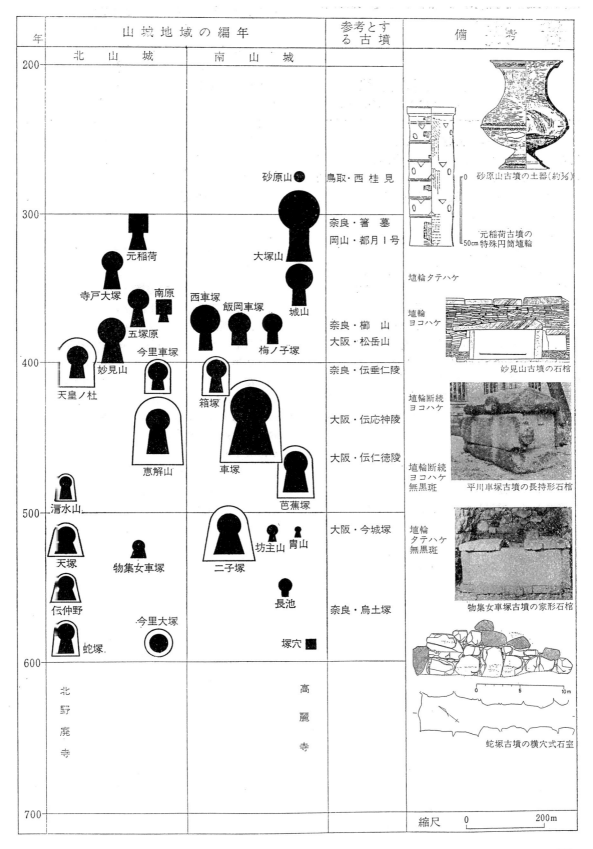

若 狭

■ 入江文敏
県立若狭歴史民俗資料館

　若狭における古墳時代遺跡の調査は比較的早い時期から始まっているが，古墳と製塩遺跡の調査に限られている。そのため，若狭の古墳時代を語るには，集落遺跡の調査など今後の総合的な調査結果にゆだねるところが多いといわねばならない。ここでは，首長墓を中心にその編年的位置について触れてみたい。

　若狭の首長墓　現在9基の前方後円墳と前方後方墳1基の存在が知られている。後期の獅子塚古墳（美浜町所在）を除く8基の前方後円墳が上中町から小浜市東部の北川流域に分布している。北川流域に連綿と築造された前方後円墳が歴代首長層の系譜を物語っていることは明らかであるが，単系列では理解できない様相を呈している。また，耳川流域に突如として出現した獅子塚古墳の被葬者は，北川流域の勢力から独立した勢力であったことがうかがわれる。前方後方墳は三方町に所在し，昨年夏調査された。

　前期末〜中期初頭に位置づけられる城山古墳は，標高133mの高所に築かれており，丘尾切断による築造方法を採用している。内部主体については明らかでないが，埴輪・葺石の存在が判明している。

　中期に入ると墓域を平野に移し，段築・葺石・埴輪・盾形の周濠を兼ね備えた典型的な畿内型の古墳形態を採るようになる。中期後半に位置づけられる西塚古墳には，「造り出し」が付設されていたという。

　後期の前方後円墳としては，十善の森古墳がその豪華な副葬品・初期横穴式石室を内包していることなどからよく知られている。

　以上の前方後円墳は一応首長系列を追えるものであり，被葬者を『先代旧事本紀』記載の若狭国造の祖膳臣一族に比定されよう。ただ5世紀中葉ごろから，そう距離を隔てない所に「船塚古墳群」とよばれる3基の前方後円墳が出現している。これらの古墳も首長系列を追うことができる。首長系列が統合されていくのではなく，同時期の前方後円墳が併存する歴史的背景を現時点で明らかにすることは，後者の調査例が1基も無いことと相まって一層困難である。私見を披瀝するまでに至っていないが，6世紀の第1〜第2四半期の築造と推定される上船塚古墳の墳丘形態・内部主体にそのカギがあるように思われる。

　耳川流域に突如として出現した獅子塚古墳からは，須恵器の良好な一括資料があり，その中に角杯形土器が2点含まれている。埋葬施設は古式の横穴式石室であり，玄室は不整形な羽子板形のプランをなし，羨道部はきわめて短いもので，天井石は架構されていなかった。横穴式石室の形態は，九州地方との関わりで考えられるであろう。

　若狭で唯一の前方後方墳である松尾谷古墳は，標高80mの尾根上に立地している。前方部・後方部に併せて3棺の埋葬施設があるが，碧玉製管玉・武器・工具類を若干副葬していたにすぎなかった。周堀内からは，マキムク5式ごろに比定される壺形土器・器台形土器の破片が検出されている。埴輪を持たず，葺石も人工的に貼りつけた痕跡はない。段築については一応2段築成と考えられた。

　まとめ　最近5世紀後半を大和政権が政治組織の整備を進めて発展していく画期とする人が多いが，5〜6世紀にかけての若狭の首長もいち早くこれに呼応していることが看取できる。西塚古墳・十善の森古墳・獅子塚古墳からは，朝鮮半島色の強い副葬品が発掘されており，若狭の首長の外交ぶりがうかがわれる。とりわけ6世紀を前後する時期は，いわゆる継体擁立の一翼を荷なっていたと考えられ，その経済的基盤として対朝鮮貿易すら行なっていたと考えられるほどである。

　松尾谷古墳は，近年各地で類例が増えている，前方後円墳に先行して出現する前方後方墳と考えられ，在地的な小首長墓と考えることができる。前方部に造られた2棺の埋葬施設のあり方をみると，次代の小首長は膳臣一族の勢力下に組み込まれ，後続できずに没落したとも考えられる。今後前期末に遡る在地的な小首長墓が各市町村単位で発見される可能性もあり，分布調査に期待したい。

　小古墳群の調査も『若狭大飯』以来いくらか行なわれているが，紙面の都合で割愛せざるを得ない。

年	若狭地域の編年		参考とする古墳	備　　考
	若狭中部	若狭東部	敦賀地域の首長墓	
200				
300				
400	城山	松尾谷	小谷ケ洞2号（円墳）	松尾谷—マキムク5式併行器台形土器 城山—埴輪〔川西編年第II～III期〕
	中塚 上の塚 白髪神社 西塚 下船塚		立洞2号（帆立貝形前方後円墳） 明神山1号（前方後方墳） 向出山2号（円墳）	西塚—埴輪〔川西編年第IV期〕・神人歌舞画像鏡
500	十善の森 上船塚 丸山塚 加茂古墳群　大谷	獅子塚 長塚	向出山1号（円墳）	十善の森—木心鉄板張輪鐙・金銅三輪玉・埴輪〔川西編年第V期〕 獅子塚—須恵器陶邑MT15 上船塚—埴輪〔川西編年第V期〕 丸山塚—画文帯神獣鏡・鐘形杏葉 大谷—須恵器陶邑TK10
600				
700				敦賀地域の首長墓については、中司照世「遺跡分布にみる遙かなる敦賀」別冊『気比史学』3を参照した。 縮尺　0　　200m

伊賀・伊勢

■ 水口昌也
名張市教育委員会

　近畿地方の東部に位置する伊賀・伊勢地域は，南北に走る布引山地により東西に分けられ，地域的な差異が多く見られる。

　伊賀では4世紀代の前期古墳は，荒木車塚古墳と石山古墳の2基が知られているにすぎない。2基の古墳はいずれも丘陵稜線上に築かれた前方後円墳で，石山古墳は発掘調査により三重にめぐる円筒埴輪列や，後円部の三つの粘土槨から多量の石製腕輪類や石製模造品が出土し，4世紀末に比定されている。荒木車塚は，伊賀最古の古墳と推定されているが，黒斑のある円筒埴輪のほか，家形，盾形などの形象埴輪片が確認されており，石山古墳とあまり隔たるものではない。

　5世紀代の中期古墳には，年代を追って順次築造されていったと推定される美旗古墳群の5基の前方後円墳のほか，御墓山古墳，寺音寺古墳，外山1号墳などの前方後円墳が築かれる。御墓山古墳は，黒斑のある円筒埴輪の出土や前方部の低く平らな墳形，完周しない周隍などから，美旗古墳の殿塚と女良塚の中間に築造時期が推定される。寺音寺古墳は，完周する周隍や竪穴式石室の存在，挂甲の小札の出土から，毘沙門塚と同時期の5世紀中ごろに比定され，外山1号墳は，環元焔焼成の埴輪や，前方部の発達した墳形から馬塚に近い5世紀後半のものと考えられる。

　美旗古墳群の貴人塚古墳につづく6世紀代の前方後円墳には，王塚古墳，キラ土古墳，鳴塚古墳，鹿高神社1号墳などがある。前2古墳には埴輪の樹立が認められ，キラ土古墳からはf字形鏡板をはじめとする馬具のほか，陶邑窯TK47型式の須恵器が出土した。後の2古墳は横穴式石室を主体部とするもので，埴輪は出土しない。鹿高神社1号墳の後円部石室からは森氏編年第III型式中の須恵器が出土し，6世紀第III四半世紀に位置づけられ，伊賀最後の前方後円墳と考えられる。伊賀の横穴式石室の採用は，森氏編年の須恵器第II形式の出土する中村3号墳，根冷4号墳などにはじまる。これらの石室は小石材による乱石積構

造で，玄室平面は正方形に近い。伊賀の大形石室は，大和の巨大石室の型式編年[1]に類似し，美旗古墳群の赤井塚は天王山式に，方墳の波敷野1号墳は石舞台式に，勘定塚は岩屋山式に相当する。

　伊勢では4世紀代の前期古墳は高田2号墳・久保古墳のほか，嬉野町の向山，筒野，西山の3基の前方後方墳，津市坂本山6号墳，四日市市志氐古墳などがある。この中で坂本山6号墳は，径約14mの不定形な円墳で，木棺直葬の主体部からは，剣・斧・鈍・刀子の鉄製利器のみが出土しているが，墳丘麓から出土した土師器には，上げ底の底部が焼成後穿孔された壺や二重口縁壺，小形器台があり，いずれも丁寧にヘラ磨きされたものである[2]。これらは布留式土器でも古式のものに平行すると推定され，伊勢地域最古の古墳の一つと考えられる。他の古墳は出土品の不明な西山古墳の他は，いずれも銅鏡のほか，石釧や車輪石の出土が伝えられ4世紀後半のものと考えられる。

　4世紀末前後から5世紀前半にかけては，宝塚1号墳をはじめ，亀山市能褒野古墳，津市池ノ谷古墳，鈴鹿市愛宕山古墳などの前方後円墳や，方墳の安芸郡明合古墳，多気町権現山2号墳など各地域の最大規模の古墳が築かれる。

　5世紀中ごろ以後，伊勢の北中部では，鈴鹿市西野々古墳群[3]や6世紀中ごろの横穴式石室をもつ員弁町岡1号墳のように，主要な古墳は引き続き前方後円墳として築かれるが，伊勢南部では宝塚2号墳をはじめ，陶邑窯TK208型式の須恵器が出土した神前山1号墳[4]や高地蔵1号墳など帆立貝式古墳や，全長18.5mの巨大石室をもつ円墳の高倉山古墳などで，前方後円墳は6世紀前半の群集墳を構成する主墳として小規模のものが出現する。

　横穴式石室の採用は，6世紀初頭と推定される亀山市茶臼山古墳や嬉野町釜生田A5号墳などにはじまり，7世紀中ごろで古墳の築造が終わる。

註
1) 白石太一郎「畿内における古墳の終末」国立歴史民俗博物館研究報告，1，1982
2) 小玉道明ほか『坂本山古墳群，坂本山中世墳墓群』津市教育委員会，1970
3) 三重大学原始古代史部会「鈴鹿・亀山地域調査報告」ふびと，32，1975
4) 下村登良男『神前山古墳発掘調査報告』明和町教育委員会，1972

年	伊賀・伊勢地域の編年		参考とする古墳	備　考
	美旗古墳群地域	松阪市南部地域		

200

殿塚—不明瞭な周隍があり、前方部から頸鎧出土
　陪塚のワキ塚から双孔円板・三角板革綴衝角付冑・長方板革綴短甲などが出土

女良塚—周隍が完周する

毘沙門塚—くびれ部に造出しが付く
　盗掘壙に竪穴式石室残骸

300

馬塚—前方部は低く平らであるが先端幅が拡張する

貴人塚—前方部が後円部と同じ高さになる。墳丘より陶邑TK23型式出土

赤井塚—石室構造が大和・天王山に類似

久保　高田2号　　大和・マエ塚

400

殿塚　　女良塚　　宝塚1号　　大和・乙女山

毘沙門塚　　　　　宝塚2号　　大和・ウワナベ

馬塚　　河内・土師ニサンザイ

久保—三角縁神獣鏡・車輪石・鍬形石など出土

高田2号—埴輪円筒転用棺出土、三角と半円の透孔が同一個体に付く
　内行花文鏡・石釧出土

500

貴人塚

宝塚1号—埴輪円筒、外面調整にタテ方向刷毛目を付ける

宝塚2号—埴輪円筒、外面調整にヨコ方向刷毛目を付ける

庄　　大和・天王山

600

赤井塚　　庄

庄—須恵器〔森編年第Ⅲ型式後半〕出土
　玄室の奥壁幅と側壁の長さの比が1：4を示す狭長な石室

700

縮尺　0　　200m

美濃・尾張

■ 赤塚次郎
愛知県教育サービスセンター
埋蔵文化財調査部

　美濃・尾張地域は 広大な 濃尾平野を 抱え，木曽・長良・揖斐の三大河川の流れとともにその歴史を培ってきた。北と西側は山脈に閉ざされ，南は伊勢湾，東は尾張丘陵にかこまれた地形的な特色をもつ。

　前方後円（方）墳の動向を中心に見てゆくとすると，当地域には大きく2つの中核的な地域が認められる。一つは美濃大垣市北西地域・池田山南麓地域。今一つは尾張春日井市南西地域及び名古屋台地である。前者は池田山と南宮山にはさまれた，不破関を越え濃尾平野に達する美濃への入口に位置し，極めて重要な地点である。代表的な古墳は，花岡山古墳，長塚古墳，遊塚古墳，昼飯大塚古墳，粉糠山古墳の大型の前方後円墳である。これらの赤坂古墳群を中心に当地域では4世紀から5世紀にかけて次々と前方後円墳が造営されている。後者は庄内川をはさんで洪積面に営まれ，春日井市南西地域の味美古墳群と熱田・瑞穂の名古屋台地上の古墳群が対峙する。いずれも5世紀からの造営が認められるもののその中心は6世紀に入ってからと考えることができる。代表的な古墳としては味美古墳群の白山神社古墳，二子山古墳，春日山古墳，名古屋台地上では五中山古墳，大須二子山古墳，断夫山古墳，白鳥古墳と連続する。

　以上の2つの中核的な古墳群集中地域を概観すると，総じて美濃における赤坂古墳群が4世紀から前方後円墳を造営させているものの，その活動の中心はむしろ5世紀に認められる。一方尾張での味美・名古屋台地上の古墳群は5世紀からその築造を開始するものの，中心は明らかに6世紀にある。単純化すれば5世紀から6世紀への前方後円墳の集中的造営活動の変化は，美濃赤坂と尾張味美・名古屋台地での造営計画に特徴される動きとして認めることができるのであり，それは木曽川をはさんだ美濃と尾張での古墳造営の大まかな動きを象徴化するものと理解できる。

　その後7世紀には各地で群集墳が築かれてゆくのであるが，その初期にはとくに美濃各務原台地に横穴式石室構造をもつ前方後円墳が次々に造営され，一つの特色ある動きを見せはじめてくる。美濃池田山東山麓の顕成寺古墳群を代表として数多くの群集墳が濃尾平野北方の山麓地帯に営まれてくるのであるが，そこには量・質ともに木曽川南岸である尾張を圧倒するものが認められる。

　木曽川を中心とする広大な濃尾平野は，洪積段丘状の台地と沖積平野面から構成され，後者は扇状地と三角州平野に2分される。三角州平野はまた自然堤防帯と海抜零メートル地帯を形成している。その内数多くの主要な大型古墳は洪積段丘上に立地するのであるが，古墳時代初頭において近年海抜零メートル周辺で古墳あるいは集落の存在が報告されはじめてきた。この地帯は弥生時代以降の堆積層が認められ，数多くの集落遺跡をその内に包含している。例えば木曽川左岸の輪之内，右岸の津島・一宮地域に代表され，その内佐織町奥津社，美和町二ツ寺神明社古墳，南濃町円満寺山古墳（標高 96m の丘陵上に立地するが眼下が直接低湿地帯に所属）を含め，氾濫平野原における遺跡の動向はきわめて注目すべき状況を呈している。

　洪積台地から扇状地にかけて大型古墳とその基盤ともいえる集落遺跡が比較的安定した自然環境を背景に展開するとすれば，一方春日井市勝川遺跡に代表されるような古墳時代後期にいたるまで弥生時代からの伝統的な墳墓形態を持続させる遺跡が近接する地に共存し続けていることも忘れてはなるまい。そして第3の地域ともいえる氾濫平野においては，不安定な自然環境に立地しつつも力強い動きと，新しい文物の受容，複合する各小地域の文化の集合をもたらしてくるのであり，濃尾平野の特色は本来こうしたきびしい自然条件下の生活に挑む人々の，活発な動きにあるものと信ずる。その中でとくに古墳時代初頭，注目すべき動きがこの氾濫平野原におこってくる。それは東へ向かう新しい文化に大きな影響をもたらしたものと推測され，このような動向に呼応して大型古墳が美濃・尾張に定着しはじめてくるのである。

参考文献
1)　楢崎彰一「古墳時代」岐阜県史 通史編原始，1972
2)　伊藤禎樹「尾張の大型古墳」考古学研究，74，1972
3)　井関弘太郎・澄田正一・岩野見司「考古編」一宮市史 本文編上，1977
4)　八賀 晋「岐阜県」古代学研究，105，1984

年	美濃・尾張地域の編年		参考とする古墳	備考
	美 濃	尾 張		

図中の遺跡・古墳名

美濃
- 瑞龍寺山遺跡
- 花岡山　円満寺山
- 矢道長塚
- 鎧塚
- 遊塚　野
- 衣裳塚　柄山
- 昼飯大塚　上磯
- 南塚　坊の塚
- 粉糠山　中八幡
- 琴塚
- 大牧1号

尾張
- 奥津社
- 東之宮
- 二ツ寺神明社
- 妙感寺
- 白鳥塚
- 青塚茶臼山
- 小幡茶臼山
- 五中山
- 大須二子山　白山神社　池下
- 断夫山　味美二子山　小幡長塚
- 曽本二子山　白鳥　春日山　守山瓢箪山

参考とする古墳
- 親ヶ谷
- 龍門寺1号　白山藪
- 今伊勢車塚
- 志段味大塚
- 東大久手
- 二又1号
- 荒井山

備考

瑞龍寺山遺跡―内行花文鏡・玉類・土器（山中～欠山期）
複数の土壙墓埋葬をもつ台状墓群

その他岐阜市鎌磨遺跡・垂井町栗原3号・大口町仁所野遺跡など欠山期～元屋敷期の墳丘墓

円満寺山―三角縁神獣鏡2・画文帯神獣鏡1

東之宮―三角縁神獣鏡5・方格規矩鏡1・三獣鏡1・四獣鏡4・合子2・釧3・車輪石1

遊塚―車輪石1・石製模造品（ノミ1・鉇1・斧8・鎌4・刀子135）・加耶土器・円筒埴輪外面タテハケ

坊の塚―琴柱形石製品・石製模造品（斧・刀子）・円筒埴輪外面クテハケ

青塚茶臼山―墳丘基底部に底部穿孔壺形埴輪がめぐる

大須二子山―円筒埴輪（硬質窯窯焼成、ハケ、ケズリ、ナデ、ヨコ回転）・挂甲・馬具

東大久手古墳出土円筒形埴輪(1：12)

荒井山―横穴式石室、須恵器TK43・209

縮尺　0　　　　200m

三河・遠江

■ 鈴木敏則・中嶋郁夫
浜松市博物館　　磐田市役所

三河　三河は流域により，豊川・矢作川流域に分けられる。さらに古墳の分布から東三河では豊川流域東岸・西岸・上流部に，西三河では矢作川流域東南部・平野中央部・岡崎市周辺部のそれぞれ3つ，計6つの地域に分けられる。

発生期の墳墓と考えられるものに浪ノ上1号墳があげられるが，出土土器・素環頭鉄剣から古墳時代の墳墓であり，周辺地域では定型化した前方後円墳が成立している可能性もある。

前期古墳としては，東三河では権現山1号墳，段上10号墳，銅鏃を出土したやりでん塚古墳があげられる。西三河では巴形透しの円筒形埴輪をもつ於新造古墳，同じ作りの埴輪をもつと言われる甲山古墳が前期まで遡る可能性がある。また塚越古墳も立地や碧玉製紡錘車を出土していることから，前期古墳と考えられる。前方後方墳である二子古墳，獅子塚古墳は中期としておいたが，墳形から前期まで遡る可能性がある。

中期古墳には東三河では東田古墳，長年1号墳，三河最大の船山1号墳，念仏塚古墳群，舟山塚，三ツ山古墳があり，西三河では和志山古墳，正法寺古墳，宇頭大塚，岩場古墳，青塚古墳，経ヶ峰古墳，古村積神社古墳，西山古墳がある。中期で注目されるのは，西三河では5世紀後半で前方後円墳がほぼ終息するのに対し，東三河ではこの時期に三河最大の船山1号墳が成立し，以後小規模ながら前方後円墳が作られることである。このことから西三河から東三河へ権力の中心地が移動したと推定される。

最後の前方後円墳には長火塚，舟山2号墳，炭焼平4号墳があり，6世紀の第3四半期頃と考えられる。横穴式石室の導入は豊川大塚，寺西1号墳に代表されるように6世紀の前半であり，同じ頃に群集墳も成立する。群集墳の多くは7世紀の中頃で消滅するが，中には8世紀まで築造するものがある。　　　　　　　　　　　　　　（鈴木）

遠江　定型化した前方後円墳の出現をもって古墳時代の開始とすれば，遠江の古墳時代は新豊院

D-2号墳や松林山古墳の出現をもってはじまる。しかし，この地域より以東では，伊勢湾系の土器が大量に流入するころ，主体部に鉄器類を副葬する台状墓や周溝墓が出現してくる。これらの墳墓と前方後円墳との新旧関係は明確ではないが，新豊院遺跡では前方後円墳D-2号墳に先だち，剣・鉇などを副葬する台状墓D-3号墓が存在していたことは注目されよう。

遠江の古墳分布地域は浜名湖周辺・天竜川流域・太田川とその支流域・菊川流域・牧之原台地周辺の5つの地域に分けることができる。このうち，天竜川と太田川に挟まれた磐田原台地には新豊院D-2号墳，松林山古墳，銚子塚古墳，連福寺古墳，経塚古墳など三角縁神獣鏡を副葬する前期の前方後円墳が集中している。なかでも松林山古墳，銚子塚古墳は全長約110mと東海地方でも有数の大きさを誇る。

中期前半の様相はかならずしも明らかではないが，粘土槨内に画紋帯神獣鏡・銅鏃などを副葬する馬場平古墳や，鋳造鉄斧をもつ磐田67号墳がこの時期のものであろう。中期の中ごろ磐田原台地に全長約100mの前方後円墳・堂山古墳が出現するが，これ以後の前方後円墳は光明山古墳，二子塚古墳と徐々に小型化していく。これに対して，兜塚古墳，京見塚古墳など径45m～70mの大型円墳が多数出現してくる。兜塚古墳からは仿製三神三獣鏡や管玉類が出土しており，京見塚古墳では周濠に接して埴輪窯が検出されている。

遠江地方に横穴式石室が出現するのは，6世紀の前半ごろと思われる。太田川西岸のこしき塚古墳は割石を小口積にした横穴式石室を有し，同形態の石室は天竜川西岸の六所神社古墳や牧之原台地東縁の弁天1号墳にも用いられている。なお，こしき塚古墳からは，f字形鏡板・三葉紋杏葉などの馬具類や須恵器が多数出土している。6世紀の前半ごろから形成されはじめた群集墳は，6世紀の中ごろから後半に最盛期をむかえ，ほぼ7世紀代で終焉する。しかし，天竜川西岸の半田山B古墳群や磐田原台地の一部では，8世紀の前半まで築造されつづける古墳群が存在する。これらの古墳群では，石室が小型化していく傾向がみられるうえ，土器以外の副葬品は乏しい。古墳への追葬は8世紀の中ごろまでには終り，それ以降平安時代末ごろまで古墳群内での造墓活動は停止する。
　　　　　　　　　　　　　　（中嶋）

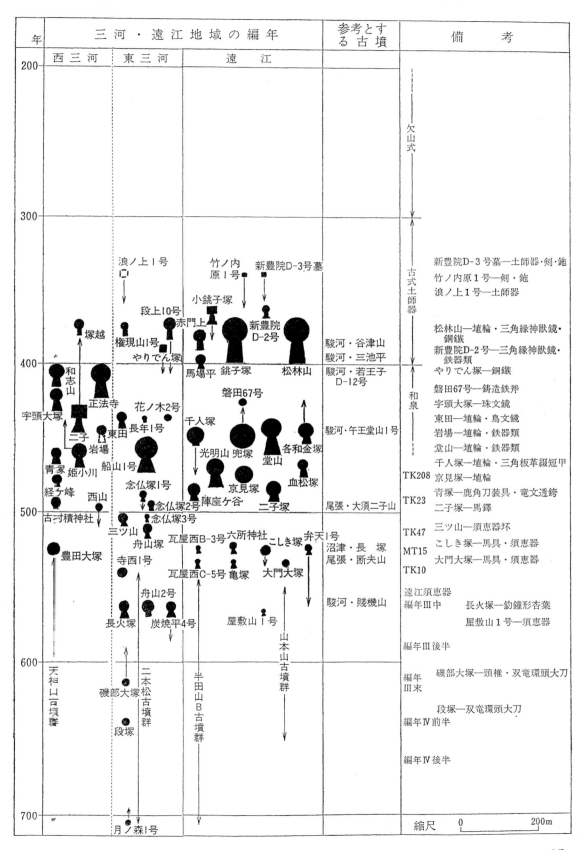

信濃

■ 笹沢　浩
県立飯山北高校教諭

　信濃の古墳の編年研究にはいくつかの制約があって十分な状態にあるとはいえない。ひとつには，前方後円（方）墳の多くが，濠を持たない丘尾切断型の古墳であり，現状からの墳形判断が困難であることである。2点目は正確な古墳測量図が少ないことである。しかし，岩崎卓也氏らの継続的な測量作業の結果，かなりの古墳については測量図による検討が可能となってきた。3点目は発掘調査例が少なく，遺物からの検討が困難であることである。その上，遺物があっても伝世品が多く，確実性に欠ける。また，山頂墳あるいは平野部の古墳についても変形が多く，測量図からの検討には限界がある。こうした諸制約のある中で岩崎氏らの先学の業績に導かれながらも，あえて編年作業を実施したが，今後の研究の進展で訂正の必要が生ずることをおことわりしておきたい。

　さて，県下の古墳の立地は，長野県独自の地形と歴史的環境，さらに古墳のもつ性格に強く規定され，河川ぞいの沖積平野を背後にもつ地域にある。つまり，木曽川水系には見られず，千曲川・天竜川両水系に集中する。しかも，両水系の古墳のあり方はきわだった相違をみせる。千曲川水系，とくに善光寺平（千曲川河東・河西地区と飯山・中野地域）では4世紀後半にいち早く畿内型の前方後円墳が出現し，小地域ごとに6世紀前半までの首長墓の系譜を追うことができるのに対して，天竜川水系では5世紀中葉まで待たなければならなかった。この要因のひとつには弥生時代後期の生産力の相違があったからであろう。

　善光寺平の首長墓は河東地区で森一倉科一土口一有明山の各将軍塚古墳，河西地区では姫塚一川柳将軍塚一中郷一越将軍塚一腰村1号古墳の系譜を想定しうる。これらのうち，姫塚古墳をはじめ勘介山古墳などの前方後方墳をどう判断するかは，今日未調査であるだけに議論が分かれる所であるが，弘法山古墳の例から，初現期に位置づけられよう。また，中郷古墳をはじめ，いくつかの前方後円墳については編年的位置を確定する根拠

は乏しい。両地域ともに後期化現象（前方部の発達と墳丘規模の縮小）が見られ，加えて河西地区では山頂部から平野部への古墳立地の移行がみられることと，埴輪の変遷が根拠となっているが，埴輪についても出土量が少ない。善光寺平の前方後円墳は，こうした不確定な要素を残しているものの横穴式石室の構築例はみられず，こうした点から6世紀後半には当地方から大型古墳は消滅したと考えられる。

　こうした善光寺平の前方後円墳の消長と裏腹に，従来大型古墳を持たなかった天竜川水系と上田盆地に横穴式石室を持つ前方後円墳が出現する。とくに飯田市座光寺地区を中心とする地域と下流の竜丘地区では妙前大塚や兼清塚など中期的な内部主体を持って，5世紀中葉には出現し，この地域の後期的首長墓の系譜を7世紀前半まで求めうる。いずれも鏡・武具・馬具・装飾品などを豊富に副葬し，金銅製品も多い。眉庇付冑・銀製垂飾付長鎖式耳飾・四仏四獣鏡など豪華品も多い。横穴式石室の採用は御猿堂古墳からと考えられ，この段階で上伊那で松島王墓，諏訪盆地に青塚，上田盆地に二子塚古墳がそれぞれの地域の唯一の前方後円墳として構築される。いずれも，横穴式石室の存在またはそれが予想される古墳である。いずれも東山道ぞいに1基ずつ存在する点が注目される。

　こうした後期大型古墳，とりわけ飯田・竜岡地区の後期古墳文化の隆盛とは対照的に松本・善光寺平では大型古墳は見られず一般の群集墳以外に積石塚古墳など特異な古墳が構築された。とくに後者は大室古墳群にみられるように善光寺平に集中する。なかには合掌形石室など独自な石室をもつものもある。しかし，副葬品は天竜川水系に比較して貧弱である。

　最終末の古墳は一部地域で奈良時代前半まで構築されたが例は少ない。松本市安塚古墳群は平野部にあり，低い封土と横穴式石室をもつ小規模の円墳であり，銅鋺や須恵器から7世紀中葉に始まり8世紀前半まで造営されたものである。茅野市乞食塚は和銅開珎・神功開宝を出土している。

参考文献
　岩崎卓也「古墳時代の遺跡・遺物と郷土社会の変貌」郷土史研究と考古学，1970
　長野県史刊行会『長野県史　考古資料編』1-(2)，(3)，1982・83

年	信濃地域の編年		参考とする古墳	備　考
	千曲川水系	天竜川水系		
200	中野　　川西　　川東上田 松本 　　　　　　　　　　佐久	上伊那 飯田 竜岡 諏　訪		

信濃地域の編年（千曲川水系／天竜川水系）に配される古墳

- 東山36号
- 弘法山
- 勘介山　姫塚
- 川柳将軍塚　森将軍塚
- 舞鶴山1号　倉科将軍塚
- （積石塚）山ノ神　中郷
- 妙前大塚
- フネ塚
- 林畔1号　鎧塚12号　越将軍塚　舞鶴2号　土口将軍塚
- 兼清塚
- 七瀬二子塚
- 金鎧山　腰村1号　有明山将軍塚　桜ヶ丘
- 新井原12号
- 塚原二子塚　畔地1号
- 中曽根親王塚　松島王墓　高岡1号　御猿堂
- 片桐
- 大室425号　湯谷1号　柏木
- 塚穴原1号　馬背塚
- コウモリ塚
- 長原13号　一本柳　大塚　家の上
- 中山39号

参考とする古墳：
- 群馬・朝子塚
- 山梨・銚子塚
- 大阪・西小山
- 滋賀・新開
- 岡山・牛文茶臼山
- 埼玉・稲荷山
- 千葉・大塚山
- 兵庫・西宮山
- 山梨・御崎

備考：

弘法山—葺石、竪穴式石室、土師器（第Ⅰ期古—元屋敷式併行、壹・甕・高坏・手焙型）・四獣鏡・鉄剣・鉄鏃・銅鏃・鉄斧・ガラス製小玉

中山36号—粘土床、土師器（第Ⅰ期古、壹）・四神四獣鏡

川柳—葺石、竪穴式石室、埴輪円筒棺、異体字日月内行花文鏡・捩文鏡ほか鏡鑑30数面・筒形銅器・銅鏃・琴柱形石製品・硬玉製丁字頭勾玉

森—葺石、割石小口積竪穴式石室、埴輪円筒棺、箱式石棺、土師器（第Ⅰ期新、小型丸底土器ほか）・埴輪（壹・朝顔・円筒・形象）・三角縁神獣鏡・鉄剣・直刀・槍・刀子・銅鏃・鎌・硬玉勾玉

フネ—粘土槨、小形変形獣文鏡・鉄剣・蛇行剣・素環頭太刀・直刀・鉾・有鉤鉄釧・銅釧・斧・鉋・鎌・小玉・管玉　倉科—葺石、竪穴式石室、埴輪（円筒・水鳥・人物）舞鶴山1号墳—2段築成、割石小口積竪穴式石室、木棺直葬、土師器壹（第Ⅱ期）埴輪・珠文鏡・滑石製刀子？

山の神—葺石、混礫粘土床、鉄剣・異形利器・鉄鏃・刀子・斧・櫛・滑石製白玉

妙前大塚—葺石、混礫粘土床、埴輪（円筒〔川西Ⅳ期〕・壹）・四方白小札鋲留式眉庇付胄・矛・剣・鉄鏃・直刀・鉋・のみ・斧・管玉　林畔1号—葺石、合掌形石室？土師器（第2期）・三角板鋲留式短甲・剣・槍・滑石製小玉　鎧塚1号—土師器（第2期）埴輪（円筒・家）・方格規矩鏡・滑石・碧玉製勾玉・石釧・水字貝製釧・鉾・剣・鉋　同2号—金銅製獅子嚙文鉸帯・鈴杏葉・舞鶴山2号—葺石、竪穴式石室、土師器（第2期）・土口—越—2段築成、葺石、竪穴式石室、土師器（第2期）・円筒埴輪（一部に叩目—土口）・滑石製小玉（越）

兼清塚—葺石、竪穴式石室？神獣鏡・直刀・硬玉製勾玉　七瀬二子塚—2段築成、葺石、土師器（第2期）・仿製八乳鋸歯文鏡・三角板革綴短甲・剣・直刀・槍　新井原12号—葺石、竪穴式石室、埴輪（円筒・器財）・横矧板鋲留式短甲・剣　金鎧山—合掌形石室、五鈴鏡・珠文鏡・三環鈴鏡・譬・剣・直刀・鏃・硬玉・碧玉・滑石製勾玉・貝輪　腰村—竪穴式石室？円筒埴輪〔Ⅳ期—川西〕　桜ヶ丘—竪穴式石室、天冠・竹櫛・勾玉・碧玉製白玉・刀・剣・鉾・衝角付甲・三角板鋲留式短甲　塚原二子塚—3段築成、葺石、埴輪（円筒〔Ⅴ期—川西〕・器財）　松島—埴輪〔Ⅴ期—川西〕　高岡1号—葺石、無裾式横穴式石室、円筒埴輪（Ⅴ期）・耳環・玉類・飾り金具・杏葉・兵庫鎖

畔地1号—葺石、横穴式石室（L字形）、銀製垂飾付長鎖式耳環・玉類・耳環・剣・直刀・挂甲・譬・雲珠・杏葉　御猿堂—無裾横穴式石室、埴輪・四仏四獣鏡・盤龍鏡・丁字頭勾玉・環刀柄頭挂甲・杏葉・剣　柏木—片裾横穴式、須恵器（TK43）・玉類耳環・直刀・八窓鐔・環状鏡板付譬留金具・辻金具・銅鈴　片桐—片裾横穴式石室、須恵器（TK10）・金銅装円頭大刀

大室425号—両裾横穴式石室、土師器（第3期新）・耳環・切子玉・滑石・土製臼玉　湯谷1号—無裾横穴式石室、須恵器（TK219）・玉類・耳環・円頭柄頭・銀象嵌付鞘尻・直刀・環状鏡板付譬　塚穴原1号—無裾横穴式石室、須恵器（TK43〜217）・耳環・玉類・直刀・無窓鐔・銅製円頭式柄頭・金象嵌付鞘尻・鞍橋金具・環状鏡板付譬　馬背塚—両裾、無裾横穴式石室、須恵器（TK217）

コウモリ塚—両裾横穴式石室、土師器（第3期新）・鞍金具・壹鐙・鉄製f字形鏡板付譬・飾金具　長原13号—両裾横穴式石室、土師器（第4期）・玉類・耳環・直刀　一本柳—両裾式、玉類・耳環・鉄製円頭把頭・九窓・無窓鐔・環状鏡板付譬・青銅製金張り毛彫杏葉・飾金具　大塚—横穴式石室、玉類・直刀・八窓鐔・銅釧・環状鏡板付譬・輪鐙・銅垸　家の上—無裾式横穴式石室、須恵器（TK217）・刀子・鉄鏃

縮尺　0　　　　200m

甲　斐

■ 萩原三雄・橋本博文
甲府市史編纂専門委員

　3世紀末ないし4世紀初頭頃の築造と推定されている中道町上の平遺跡の110基を上まわる方形周溝墓群をうけて，同町米倉山山腹に県内唯一の前方後方墳である小平沢古墳が出現する。この時期はおおよそ4世紀中葉前後と考えられる。小平沢古墳は全長45mで，内部主体は古相な木棺直葬と推定され，副葬品には勾玉や舶載斜縁二神二獣鏡がある。後述の大丸山古墳や中道銚子塚古墳副葬の三角縁神獣鏡とは異なり，前方後方墳へのこの種の鏡の副葬は長野県弘法山古墳などの半肉彫獣形鏡の副葬とあわせて注目すべき現象である。

　4世紀後半以降，中道町下向山および下曽根に全長120mの大丸山古墳，全長167mの中道銚子塚古墳，径67mの円墳・丸山塚古墳が相次いで築造される。これらは立地状況，内部主体構造，副葬品などから大丸山古墳―中道銚子塚古墳―丸山塚古墳と変遷し，豊富な副葬品からは畿内ヤマト政権との強い結びつきがうかがえる。また後二者はそれぞれの位置関係や副葬品から密接な関係が首肯されるが，前方後円墳からの円墳化，規模の縮小化の現象に政治的な変動を読みとれる。

　4世紀末ごろに築造された八代町岡の銚子塚古墳は墳形や規模，副葬品の鼉竜鏡，円筒埴輪などから中道銚子塚古墳との結びつきが推考され，この時期において両者の連合体制が想定できる。八代町竜塚古墳は前期的な立地環境から初期前方後円墳に先行する方墳としてとりあえず4世紀中葉の所産としたが，仮にこれが確実な前期古墳となれば全国でも最大級の前期方墳となろう。また中道，八代の両地域に初期前方後円墳出現に先行した方系墳の存在を位置づけることができる。

　5世紀の初め頃になると盆地西縁の櫛形町に全長48mの前方後円墳である物見塚古墳，盆地東部の御坂町に亀甲塚古墳が現われ，中道，八代地域以外に新たな首長層の出現をみる。続いて5世紀中葉には中道町に全長132mの天神山古墳が築かれるが，後半になると八代町に帆立貝式の狐塚古墳，境川村に複数の埋葬施設をもつ馬乗山1号

墳と前方後円墳の馬乗山2号墳，中道町にかんかん塚古墳，三珠町には呉の赤烏元年銘神獣鏡をもつ鳥居原狐塚古墳や帆立貝式の大塚古墳，豊富村でも帆立貝式で全長61mの王塚古墳，櫛形町に六科山古墳，さらに6世紀初め頃には境川村に表門神社古墳，豊富村に帆立貝式の三星院古墳がそれぞれ出現する。このように5世紀後半から6世紀初め頃には中道地域のほか，盆地縁辺部のほぼ全域に帆立貝式を中心とした古墳の築造が拡散し，4世紀中葉から続いた中道首長層の地位が天神山古墳を最後に相対的に低下する。ここに大きな政治的変動をみる。

　6世紀の中葉，八代町の荘塚古墳，御坂町の蝙蝠塚古墳，甲府市の万寿森古墳に初期横穴式石室が採用され，これらの地域に新たな首長層が台頭する。御坂地域ではこののち巨大な石室をもつ姥塚古墳の出現を導き，甲府市域でも加牟那塚古墳が現われる。姥塚古墳は副葬品などが不明であるが，石室の構築技法などから6世紀後半から終末に位置づけられ，当該期では全国最大級の横穴式石室と目され，被葬者の政治的地位の高さを裏づけている。また甲斐地域では現在のところ馬乗山2号墳を最後に前方後円墳の築造が停止し，そののち広範に帆立貝式古墳が出現，さらに円墳化へと首長墓は移行するが，こうした現象は畿内勢力の直接的な影響を物語るものであろう。

　さらに6世紀後半から7世紀代には一宮町，御坂町，竜王町，甲府市千塚から横根地域，石和町，春日居町にかけて群集墳が形成される。これらはとくに金川，笛吹川，荒川などの河川がつくる扇状地上に展開され，各地域の著しい開発がうかがえる。なお盆地北縁のうなり塚古墳や琵琶塚古墳は前方後円墳の可能性があるが，年代的位置づけや被葬者の性格づけは今後の課題としたい。

　横根・桜井地域から春日居町一帯に盛行する積石塚古墳は築造年代など不明な点が多いが，石和町大蔵経寺山15号墳のように6世紀代に入るものも確実に存在する。7世紀前半から中葉築造の春日居町狐塚古墳や寺の前古墳は銅鋺を副葬し注目されるが，法起寺式の伽藍配置と瓦をもつ7世紀後半建立の寺本廃寺が近在し，両者間に深い関係が認められる。また八代町の御崎古墳や竜王町の竜王2号墳には7世紀後半代の製作とされる毛彫金銅製飾馬具が副葬されており，東北経略と馬匹生産の牧経営とのかかわりが示唆される。

68

甲斐地域の編年

年	楯形甲西埋	三珠	豊富	中道	境川	八代	御坂	甲府竜王	春日居	参考とする古墳	備考
200											
300				小平沢			竜塚			長野・弘法山	
				大丸山						京都・妙見山	
										静岡・松林山 / 長野・川柳将軍塚 / 群馬・朝子塚	
400	物見塚			中道銚子塚		八代銚子塚・盃塚	亀甲塚				
	法華塚			丸山塚						群馬・太田天神山	
	鳥居原狐塚			天神山		馬乗山1号・馬乗山2号・八代狐塚		碧石塚		埼玉・稲荷山	
500	六科山	大塚	王塚	かんかん塚(茶塚)	表門神社	団栗塚		うなり塚			
	熊野神社		三星院			荘塚	万寿森・弾誓窟	加牟那塚	天神塚	群馬・前二子 / 奈良・見瀬丸山	
						地蔵塚				群馬・観音塚	
600					口開塚	古柳塚	姥塚			奈良・石舞台	
									狐塚		
					御崎	竜王2号			寺の前	岩手・五条丸72号	
700											

＋は墳形不明　　縮尺　0 — 200m

備考

小平沢—舶載斜縁二神二獣鏡、S字状口縁台付甕〔橋本甲斐編年Ⅲ期〕

大丸山—竪穴式石室と長持形石棺先行型式の二重構造、舶載三角縁神獣鏡・舶載環状乳神獣鏡・八禽鏡・縦矧板革綴式短甲・鉄柄付手斧・袋状鉄斧7・短冊形鉄斧3・鋸・鉇25・鑿2・直刃鎌6・剣8・直刃8・玉類

中道銚子塚—割石小口積み竪穴式石室長宜子孫内行花文鏡・舶載三角縁神人車馬画像鏡・仿製三角縁三神三獣鏡・仿製環状乳神獣鏡・だ竜鏡〔樋口分類Ⅲ類〕碧玉車輪石5・碧玉釧6・貝釧1・勾玉6（水晶・碧玉1・硬玉1）・碧玉杵形石製品2ほか、円筒埴輪（器台円筒・普通円筒・朝顔形円筒）外面調整A種横ハケ・巴形スカシ孔

八代銚子塚—だ竜鏡〔樋口分類Ⅰ類〕・二神二獣鏡・類銅鋺柳葉式鉄鏃・円筒埴輪（器台円筒・普通円筒）外面調整2次縦ハケ・巴形スカシ孔

丸山—竪穴式石室、舶載環状乳神獣鏡・剣12・鉄斧2・鎌・新式碧玉石釧（石室外）、円筒埴輪外面調整1・2次縦ハケ・方形スカシ孔

盃塚—内反り直刀

物見塚—振文鏡・剣3・直刀・緑色凝灰岩小玉・管玉〔両面穿孔品約100%〕

亀甲塚—河原石小口積み竪穴式石室、仿製盤竜鏡・碧玉管玉〔両面穿孔品約40%〕

天神山—土師器甕〔須恵器田辺編年TK23模倣〕

法華塚—変形四獣鏡（赤色顔料付着）

八代狐塚—剣・鉄鉾（前方部）、円筒埴輪外面調整2次B種横ハケ・無黒斑

馬乗山1号—箱形石棺、剣・直刀・両丸広狭鋒・長三角形腸抉式鉄鏃など

鳥居原狐塚—赤烏元年銘神獣鏡・仿製六葉内行花文鏡・滑石白玉・金銅鈴

かんかん塚(茶塚)—竪穴式石室、横矧板鋲留式短甲・木芯鉄板被輪鐙・環鈴

王塚—合掌形石室、横矧板鋲留式短甲・小札鋲留式眉庇付冑・挂甲・長頸鏃約80%、円筒埴輪外面2次B種横ハケ・無黒斑

大塚—竪穴式石室、鏡・剣・直刀・円筒埴輪外面調整2次B種横ハケ・無黒斑

六科山—須恵器〔田辺編年TK47〕・剣

団栗塚（箱形石棺—変形文鏡／竪穴式石室—両丸造長三角形腸抉式鉄鏃

碧石塚—箱形石棺(赤彩)、剣・直刀・鉄鏃

うなり塚—箱形石棺(赤彩)、直刀3・管玉・水晶切子玉・勾玉・鉄地金銅張馬具？

熊野神社—剣、円筒埴輪外面調整1次縦ハケ

表門神社—一部割石小口積み竪穴式石室

荘塚—初期横穴式石室、須恵器〔田辺編年TK10〕、埴輪

万寿森—初期横穴式石室

加牟那塚—巨石自然石乱積み巨室横穴式石室、須恵器〔田辺編年TK43〕・埴輪

姥塚—自然石乱石積み横穴式石室（全国10位の規模）

狐塚—須恵器〔田辺編年TK209～217古〕

寺の前—須恵器〔田辺編年TK217古〕

御崎・竜王2号—金銅製毛彫馬具〔田中編年Ⅲ期〕

武　蔵

■ 横川好富
埼玉県立さきたま資料館

　武蔵における古墳の出現は一様でないが，主要な地域では4世紀後葉から5世紀前葉には現われる。

　多摩川流域では他地域と異なり，古式の前方後円墳が集中し，左岸の蓬萊山古墳（東京都大田区），右岸の白山古墳（川崎市）は，4世紀後葉の築造とみられる。前方後円墳は5世紀になると，綾瀬川右岸の大宮台地に高稲荷古墳（川口市），荒川右岸の比企丘陵に雷電山古墳（帆立貝式，東松山市）が築造される。比企丘陵には5世紀前葉と考えられる前方後方墳・山の根古墳（埼玉県吉見町）があり，周辺には前方後方墳・方墳が集中しており，中には4世紀代にさかのぼる可能性を秘めたものもある。

　荒川左岸では4世紀後葉の円墳・熊野神社古墳（桶川市）がある。北部の志戸川，小山川流域には現在のところ4世紀代の古墳は認められないが，5世紀前葉には長坂聖天塚古墳，志戸川古墳（美里村），前山2号墳，公卿塚古墳（本庄市）など直径40m前後の円墳がつくられている。

　埴輪は，雷電山，志戸川，公卿塚古墳で黒斑のある野焼きのものが認められ，5世紀前葉に存在することが知られる。さらに金鑚神社古墳（児玉町）では格子目タタキ，黒斑のない埴輪が出土しており，5世紀中葉と考えられる。4，5世紀代の窯跡はまだ発見されていないが，須恵器と同様の窖窯による埴輪生産が開始されていたものと考えられ，いずれ窯跡の発見も期待されよう。埴輪の消滅は7世紀初頭とみられる将軍山古墳（行田市），ひさご塚古墳（桶川市）から埴輪が発見されているが，その後まもない頃であろう。

　5世紀末から7世紀初頭には全長100m前後の円墳や前方後円墳が，比企地方や南・北埼玉地方に築造されている。とくに前方後円墳が多く，野本将軍塚古墳（東松山市）や天王山塚古墳（菖蒲町）をのぞくと北埼玉地方に集中している。野本将軍塚古墳の築造年代は，内部主体や出土遺物もわからないので決めがたいが，立地や墳形などから5世紀末頃ではないかと考えている。

　北埼玉地方では国宝「武蔵埼玉稲荷山古墳出土品」で有名な稲荷山古墳が500年前後の築造とされている。一方，将軍山古墳が横穴式石室で，銅鋺などの遺物から600年前後と考えられる。そして稲荷山古墳と将軍山古墳の間に，残る前方後円墳が築造されたものとみている。しかし不十分な資料をもとに築造年代を導いているため絶対的なものではない。埼玉古墳群周辺の永明寺古墳（羽生市），天王山塚古墳（菖蒲町），真名板高山古墳，若王子山古墳，小見真観寺古墳（行田市）は，埼玉古墳群と同規模の前方後円墳であり，現状で考えられる築造年代を与えてみたが，これらについてもさらに検討を加える必要がある。なお丸墓山古墳，八幡山古墳（行田市）と冑山古墳（大里村）は大型円墳である。八幡山古墳は大型の横穴式石室で，須恵器・銅鋺・塗漆棺片が出土し，7世紀中葉と考えるが，丸墓山古墳，冑山古墳については，現在のところ築造年代を決めかねている。

　北埼玉地方に大型前方後円墳が集中して築造された6世紀代に，荒川左岸の北足立地方，右岸の比企，入間地方では，全長50m前後の前方後円墳や直径40m前後の円墳を主墳とする群集墳が形成されている。さらに荒川上流域や志戸川，小山川流域では，全長30m前後の前方後円墳や，直径20m前後の円墳を主墳とする群集墳が各地に出現する。これらの群集墳は若干異なるものもあるが，多くは7世紀代まで続いている。北埼玉地方では大型中心で数が少ないが，北足立，比企，入間地方では中型を主墳として数を増し，大里，秩父，児玉地方では，小型ながら他を圧する数で形成されている。さらに，主墳とみられる古墳の墳形や数も異にしている。

　終末期の古墳としては，7世紀後葉の線刻壁画をもつ地蔵塚古墳（方墳，行田市）や上円下方墳の宮塚古墳（熊谷市），山王塚古墳（坂戸市）などをあげたが，蕨手刀を出土した石原古墳群（熊谷市）や大野原古墳群（秩父市）などは8世紀初頭まで続くものであろう。

　以上，武蔵の古墳について，その成立年代を中心に概観したが，これはあくまで現時点の，かなり私見を混じえたものであり，今後の調査研究の進展にともない修正されるべきものであることを付記しておきたい。

武蔵地域の編年

年	武蔵地域の編年	参考とする古墳	備　　考
200			
300			
	熊野神社　白山	群馬・矢場薬師塚	筒形銅器・碧玉製品・土師器(五領Ⅱ)
400	蓬莱山　高稲荷	群馬・白石稲荷塚	滑石製模造品・土師器(五領Ⅲ)
	長坂聖天塚　前山2号 公卿塚　雷電山　殿山	群馬・太田朝子塚	埴輪(黒斑)・土師器(五領Ⅳ)
	金鑽神社　生野山9号 高坂諏訪山　横塚山		埴輪(格子目タタキ)・土師器(和泉Ⅰ)
	とやま　古郡諏訪山	群馬・太田天神山	埴輪(ヨ・コハケ)・須恵器(TK23～TK47)
500	野本将軍塚　鎧塚 弁天山　一夜塚　稲荷山	群馬・保渡田薬師塚	土師器(鬼高Ⅰ古)
	千光寺1号　秋葉塚　永明寺	群馬・保渡田八幡塚	須恵器(MT15～TK10) 土師器(鬼高Ⅰ新) 埴輪(底部整形)
	長沖25号　柏崎4号　西台7号 二子山　鉄砲山		須恵器(TK43)
	一本松　黒田17号　円山2号 奥の山　愛宕山	群馬・綿貫観音山	土師器(鬼高Ⅱ古)
600	御手長山　黒田1号　牛塚 吉見かぶと塚　将軍山	千葉・金　鈴　塚	銅鋺・埴輪(底部整形) 須恵器(TK209) 土師器(鬼高Ⅱ新)
	ひさご塚　小見真観寺 塚本山12号　下唐子胄塚 八幡山	群馬・山　ノ　上	銅鋺・須恵器(TK217) 土師器鬼高(Ⅲ古)
	塚本山9号　茶臼山　地蔵塚	群馬・宝　塔　山	壁画(線刻) 土師器(鬼高Ⅲ新)
700			縮尺　0　200m

71

房　総

■ 椙山林継
國學院大学助教授

　南端の安房では極端に古墳の数も少なく，規模も小さい。中部の上総では，中級の河川が各々独立した平野部を形成しているため，流域別の群を把握することができる。北部の旧下総国に属す平野部は，北の鬼怒川，利根川，西の江戸川ともに大河川で，その支流別，水系別に古墳群を別けることはあまり明瞭でない。

　県内の古墳は未だ完全に把握されてなく，前方後円墳も 100 基余りが知られているにすぎない。この内，三角縁神獣鏡を出土している木更津市手古塚古墳は車輪石・石釧・銅鏃などを持ち畿内直結の最も古式な古墳と言える。しかし同じく三角縁神獣鏡を持ちながらも小見川城山 1 号墳は横穴式石室で，頭椎太刀ほか新しい遺物も多く，鏡が長期に伝世されていたことを示している。当地域が常に文化伝播の縁辺地である以上避けられない事情ではある。金銅冠・鋲留の甲冑・滑石質材による大型の石製模造品・金銅胡簶・剣菱形杏葉・ｆ字形鏡板・古式須恵器など時代決定の資料としてはいるものの個々の差の検討はさらに必要と見られる。また小地域内での前後関係に形象埴輪の細分なども考えられている。一方，畿内的な文物を比較的に持たない古墳，例えば早くから知られている能満寺古墳とか北作 2 号墳などの絶対年代との対比はかなり困難である。このような状況ではあるが上総西海岸の例をのべておこう。

　小糸川下流域の飯野古墳群は墳丘規模の大きいものがそろっており，湮滅古墳も少ない。周辺を見ると，中流の八重原，箕輪などに一群があり，南方岩瀬川付近に国指定弁天山古墳がある。

　中流のものは飯野古墳群に含まれない前方後方形（塞神社古墳，56ｍ），帆立貝式古墳（元秋葉台13 号，45ｍ）などを持ち比較的古式な群を形成している。しかし立地はいずれも台地上，尾根上にあって，平野部で周濠を持つ八幡神社古墳（前方後円墳,80ｍ）が最大という墳丘規模である。この群の一部が後に下流へ移動したと見ることもできるが，前方後円墳 10 基以上を持ち，飯野周辺で

完結した群と把握することも可能である。

　南部の弁天山古墳は，天井石に縄掛突起を持つ比較的短い竪穴式石室で，三角板鋲留短甲かとみられる破片・鉄剣・鎌など鉄器類を中心にした副葬品がみえ，埴輪の配列などには古い形態がみられ，5 世紀中葉を下らないと思われるが，この付近に継続する墳丘はこれまでのところ発見されていない。これとほぼ同じ頃とみられる墳丘が飯野古墳群の盟主墳とも言える内裏塚古墳（145ｍ）で，狭長な 2 つの竪穴式石室が長軸線に並列し，四獣鏡（？）のほか剣・鎌・鉇・鉾など鉄器を主とした副葬品で，鹿角製鳴鏑・金銅製胡簶金具の古式なものが加わっている。この内裏塚より遡る可能性のあるものは，この群中では上野塚古墳があげられるが，これは主体部が粘土を少量に使用した土壙で，墳形は前方部が小さく，埴輪を持たない。墳丘下に五領式土器を持つ集落址がある。内裏塚以降の古墳がすべて石室を持つことからすると，この上野塚は別な系統とみて，内裏塚並行に置くことも可能である。

　次に竪穴式石室を持つ九条塚古墳（107.5ｍ）は主体部内の遺物が明らかでなく，前方部墳頂の須恵器（6 世紀後半）数点をもって新しく見られてもいるが，墳形から内裏塚に次ぐものと見られる。さらに石室が高い位置にあることしか知られていない三条塚古墳（121ｍ）がこれに次ぐとみられる。群中西端にある稲荷山古墳（106ｍ）は前方部が高く，前面は幅広く発達しているが，内部主体が全く不明，ただし円筒埴輪が密に囲っている。大型墳丘の最後に置いてよいかと思われる。これと前後して，横穴式石室の導入が平塚古墳（63ｍ）にみられる。石室は墳丘上部にあって，須恵器は陶邑Ⅰ-4〜Ⅱ-3 頃とみられる。その後調査された中小規模のものは前方部の小さい向原新割古墳（約50ｍ）などがあり，旧地表に石室床を置く形となる。この前後の例が最も多く，6 世紀末まで造営されていると思われる。これらには追葬が多く，その後 7 世紀中葉前後とみられる割見塚古墳（一辺 36ｍ，二重周溝外一辺 108ｍ）の石室以降は切石切組積みの両袖式石室となる。これまでの乱石積み片袖，あるいは袖無形は全く見られなく，石室の位置も墳丘上部に再び転換する。この後森山塚古墳（27ｍ），新羅土器を出土している野々間古墳などをもって終末となる。現在では 8 世紀に確実に下る例は発見されていない。

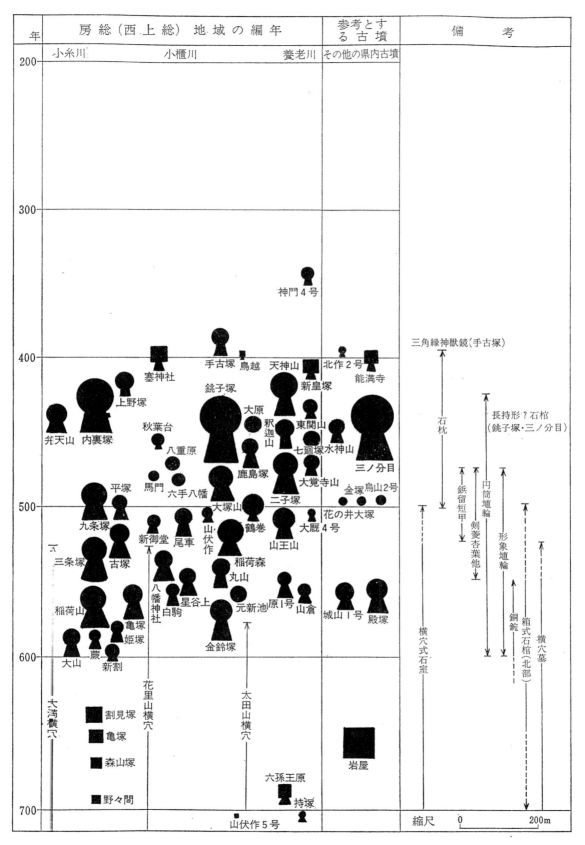

常　陸

■ 茂木雅博
茨城大学助教授

　1964 年の調査によると，常陸の古墳は横穴も含めて 5,320 基と報告されている。このうちの約 300 基が前方後円墳といわれる。こうした前方後円墳の築造開始については後藤守一[1]，斎藤忠[2]，大塚初重氏[3]らによって西暦 400 年前後とされ，さらに小林行雄氏[4]は鏡塚古墳を重視し，「新しい型式の石釧などが，茨城県または群馬県にまで分布をのばした時期は，早くとも 400 年ごろのことであったと推定される」とされている。これに対して終末については市毛勲氏[5]が宮中野古墳群の報告の中で，調査した前方後円墳を 700 年，方墳を 8 世紀の第 2 四半期まで下げている。

　本稿では以上の前提に従いながらその間の編年を述べてみたい。まず常陸を地域区分したが，それは『国造本紀』を念頭に置きながら桜川上流（新治），筑波山麓から桜川流域（筑波），霞ヶ浦北岸から恋瀬川流域（茨城），那珂川流域（仲），久慈川流域（久自）とし，さらに霞ヶ浦から北浦にかけての鹿行地区を参考として整理してみた。

　常陸における古墳の築造開始を 400 年とした根拠は滑石製模造品の出土にある。確かに常陸の最古の前方後円墳で調査を経たものはすべて滑石製品を伴出する。山木古墳，鏡塚古墳，舟塚山古墳などがそれであり，さらに最近では岩瀬町の青柳古墳（径 50m の円墳）からも出土している。なお青柳古墳では埋葬施設上から TK 208〜TK 23 の須恵器坏が伴出しており，滑石製品を伴出するものとしては最も新しい。山木古墳では管玉に滑石製品が含まれており，鏡塚や舟塚山のよりは早いものと思われる。

　この間に長辺寺山，王塚，舟塚山，梵天山，権現山，伊勢山，浅間塚，稲荷塚，夫婦塚古墳などが含まれるのであろう。これらのうち山木，伊勢山，浅間塚，夫婦塚などからは埴輪を確認できない。他の前方後円墳は常陸で最古の円筒埴輪を採集することができるが，すべて有黒斑であり，しかも大型である。

　400 年以前のものとして前方後方墳を図示した

が，前方後円墳の中でも例えば天神山古墳あるいは伊勢山，浅間塚を 4 世紀末にすることも可能であるかも知れない。いずれにせよ常陸の前方後方墳からは滑石製品も埴輪も発見されていない。しかし土浦市舟塚 2 号墳は伴出した土師器が他の前方後方墳よりも新しい。これ以外はすべて五領期の範疇である。さらに久自の地域には須和間 8,10，11 号があり，これら 3 基出土の土師器は五領でも比較的早い時期のものであり，11 号からは硬玉製の勾玉が発見されているために前方後方墳よりも先に置いた。

　こうして観察すると常陸の場合には，5 世紀初頭から第 3 四半期位にかけて 100m を超える前方後円墳が各地に築造され，それ以後は 100m を超えるものはない。

　5 世紀末から 6 世紀初頭にかけては埋葬施設が粘土榔から石材使用に変化し，三昧塚，車塚，大塚を一つの時期とする。6 世紀になると川子塚古墳のように須恵質の埴輪が樹立されるようになる。現在の時点では川子塚が須恵質の埴輪を伴う最初と思われ，これ以後県下全域に拡がっている。そして 6 世紀の第 3 四半期頃になって丸山 4 号墳や松田原古墳に横穴式石室が採用されるようになる。とくに岩瀬町の松田原古墳は小口積の横穴式石室で円筒埴輪を伴い，石室の構造上常陸最古と思われる。

　7 世紀に入ると埴輪樹立の風習は急激に衰え，虎塚古墳のように 50m を超える前方後円墳にさえもみられなくなる。この時期になると常陸北部では泥岩の切石を使用した横穴式石室が採用されるようになり，南部の箱式石棺と対照的になり，7 世紀の第 3 四半期頃になって前方後円墳が築造されなくなり，方墳がそれぞれの地域代表となって行く。こうした方墳の終末については，明確にし得ないが，武者塚古墳の例が示すように，8 世紀に入っても常陸では小規模な古墳が築造されていたと推定される。

註

1）　後藤守一『常陸丸山古墳』丸山古墳顕彰会，1957

2）　斎藤　忠『日本古墳の研究』吉川弘文館，1961

3）　大塚初重『茨城県史料　古墳時代』茨城県，1929

4）　小林行雄『古墳時代の研究』青木書店，1961

5）　市毛　勲『宮中野古墳群調査報告』茨城県教育委員会，1970

年	常陸地域の編年						参考とする古墳	備 考
	新治	筑波	茨城	仲	久自	（鹿行）		
200								
300								
					須和間		奈良・箸墓	
			勅使塚	安土星		大峰山		
400	弧塚	桜塚 山木	鏡塚		梵天山	伊勢山	円筒埴輪の出現（滑石製品登場）	
		王塚				浅間塚	奈良・室大墓	
	長辺寺山		愛宕山			稲荷塚	群馬・白石稲荷塚	
	青柳		富士山		権現山		TK208	
			舟塚山			夫婦塚	長野・土口将軍塚	埋葬施設に石材使用
		土塔山	車塚		高山塚	勅使塚	千葉・三ノ分目大塚	TK23（県南に箱式石棺採用）
500		八幡塚	三昧塚		部原	大生西5号		須恵質埴輪の出現（川子塚）
			愛宕山	川子塚		天神山	横穴式石室の採用 ｛丸山4号 松田原	
		宍塚	舟塚		舟塚	子子前塚		
		愛宕塚	亀塚 大日山	カロウド		日天月天塚		
600								埴輪消滅？
				虎塚		鹿見塚	奈良・石舞台	
						稲荷塚		大化改新（645） 前方後円墳の消滅？
						宮中野99号	千葉・岩屋	BT01（東海村） 大津遷都（667）
					白方	塚原		藤原遷都（694）
700		武者塚						縮尺 0 300m

上 野

■ 石塚久則
群馬県埋蔵文化財調査事業団

西毛の山々から流れ出した河川は高崎市東南部と藤岡市北部にはさまれた地域で合流して複雑な氾濫をくりかえしている。この低地帯に県内では最初の水稲耕作がもたらされたと考えられる。弥生時代の中期前半である。

この低地帯に合流する河川ぞいには多くの古墳が集中的に築造され残る。玉村町を中心に分布する滝川水系，井野川下流域の井野川水系，烏川中流域の烏川水系，それに神流川水系と鮎川水系の5つの区域に便宜的に区分して各地域の古墳を概観してみる。

滝川水系には4世紀後半に前方後円墳の下郷天神塚，帆立貝形古墳の芝根7号墳，円墳の角淵軍配山古墳，方墳とも考えられる箱石浅間古墳，前方後方形周溝墓の下郷10号墳，その他，方形周溝墓など多種多様な墓制が並列する。5世紀代になると梨ノ木山古墳が円墳で，6世紀前半には若宮北古墳が帆立貝形古墳と規模を縮小しながら多くの群集墳を伴い続く。6世紀後半になると房子塚古墳が前方後円墳で出現し，4世紀代の古墳の集中傾向から徐々にその勢力が後退する。

井野川水系では4世紀後半に前方後方墳の元島名将軍塚古墳，三角縁神獣鏡を出土した柴崎蟹沢古墳が円墳で，また，前方後方形周溝墓が鈴ノ宮遺跡で出現している。この時期この地域での前方後円墳の出現はみられない。5世紀代には普賢寺裏古墳，岩鼻二子山古墳，不動山古墳が前方後円墳で継起的に築造され，6世紀後半に前方後円墳の綿貫観音山古墳がその規模，副葬品とも圧倒的優位を誇って続く。同時期にこの地域では小型の前方後円墳を含む群集墳が築造されていく。

烏川水系は下佐野地域と正六地域に大別される。下佐野地域では4世紀後半に前方後方形周溝墓，方形周溝墓が密集して出現する。5世紀前半には円墳の可能性の強い長者屋敷天王山古墳が続く。6世紀の後半には御堂塚古墳，漆山古墳がそれぞれ前方後円墳で続き，7世紀前半には円墳と考えられる蔵王塚古墳が墳形を変えて終る。正六

地域では西毛最大規模を誇る浅間山古墳や大鶴巻古墳が前方後円墳，大山古墳や茶臼山古墳が大型の帆立貝形古墳，庚申塚古墳が円墳の墳形で5世紀前半に出現する。5世紀後半では小鶴巻古墳が内部主体に舟形石棺を持つ前方後円墳，7世紀後半では八角形の墳形を推定させ，横口式石槨を内部主体に持つ安楽寺古墳が続く。周溝墓群を主体に出現するこの地域も5世紀前半代の截然とした大前方後円墳の出現とは落差を感じるが，終末期といわれる範疇に入る安楽寺古墳にも注目したい。

神流川水系も上流の三本木，神田と，下流の小林，下戸塚に古墳の分布から大別される。確認はされないが三本木古墳は円墳と考えられ三角縁神獣鏡が知られ，また銅鏃の出土もあり4世紀後半に位置づけられる。下流域にも堀ノ内遺跡群中に方形周溝墓と前方後方形周溝墓群が調査され，特殊な透しを穿つ壺形土器が検出されている。5世紀代には下戸塚稲荷塚古墳が鏡，石製模造品を持つ円墳で，6世紀後半代になると前方後円墳の戸塚神社古墳，諏訪神社境内古墳が横穴式石室を主体部に持つ。また付近の円墳からは銅鏃も出土している。4世紀後半代の古墳の成立はその後の5世紀代には発展せず，6世紀後半代に集中して造墓される傾向がうかがえる。

鮎川水系では上流から下流にかけて南坂，緑埜，白石古墳群と群集墳が続くが，大型古墳は下流の白石地域に集中する。5世紀前半に十二天塚古墳，白石稲荷山古墳が出現する。いずれも前方後円墳である。その後，宗永寺裏に2基の小型前方後円墳が認められ，そのうちの1基からは舟形石棺が出土している。6世紀の前半代に位置づけられる。6世紀の後半代になると白石二子山古墳，萩原塚古墳などの横穴式石室を主体に持つ小型前方後円墳とともに七輿山古墳が出現する。7世紀前半代には円墳で複室構造の横穴式石室を持つ皇塚古墳が続きこの地域の造墓は終る。

以上まとめると，鮎川水系を除く4水系では4世紀後半代に周溝墓を基調に円墳，方墳，前方後円墳，前方後方墳が併存することが認められる。また5世紀前半代には烏川，鮎川水系が充実した内容を持つ。また5世紀後半から6世紀前半にかけては井野川水系の古墳が充実した内容を持つ。6世紀後半代には規模は異なるが，各水系に同質の主体部と副葬品を持って前方後円墳の時代は終焉を告げる。

年	上野地域の編年					参考とする古墳 県内	備考
	滝川水系	井野川水系	烏川水系	神流川水系	鮎川水系	県内	
200							
300							浅間C軽石
	芝根7号墳	元島名将軍塚					
		柴崎蟹沢	庚申塚	三本木		前橋天神山	
400	下郷天神塚		大鶴巻			朝子塚	A種ヨコハケ
	梨ノ木山	普賢寺裏			十二天塚	宝泉茶臼山	
		岩鼻二子山	浅間山	下戸塚稲荷塚		太田天神山	
		不動山	小鶴巻		白石稲荷山		舟形石棺
500	若宮北				宗永寺裏東		
			御堂塚				
			漆山			観音塚	TK—43
600	房子塚	綿貫観音山		諏訪神社境内	七輿山	総社愛宕山	
			蔵王塚			宝塔山	複室横穴式石室
					皇塚	蛇穴山	横口式石槨
			安楽寺				
700							縮尺 0 300m

磐城・岩代

■ 生江芳徳・穴沢咲光
磐梯町教育委員会

　福島県下の古墳の編年は，(1)大型古墳の内容が未調査のため不明の例が多い，(2)埴輪を樹立した古墳が少ない，(3)多くの場合副葬品が乏しく，とくに須恵器の出土が少ない，(4)地域差が大きい，などの点で多くの困難があり，統一的基準による編年は未だできていない。以下に県下を4地区に分けて筆者の試案を示した。

　会津地方は，古墳の調査例が少なく，埴輪が全くみられないため，編年の至難な地域である。多くの古墳は立地や外形から年代を推定する以外にない。有名な会津大塚山古墳（会津若松市）は仿製三角縁神獣鏡（岡山県鶴山丸山古墳と同笵）・三葉環頭大刀・靫の直弧紋から，大阪府紫金山古墳に近い年代（4世紀，第3四半期）に比定される。塩釜式を出土した塩川町十九壇古墳群はほぼこれに併行する小古墳群と考えられるが，会津大塚山から土器が出土していないので対比は難しい。会津坂下町宇内出崎山・雷神山にある古墳群の前方後円・後方墳は4世紀末から5世紀前半，青津鎮守森古墳（前方後方墳）は5世紀前半，東北第二の亀ヶ森前方後円墳は同中葉に比定されるが，外形からの推定にとどまる。6世紀以降，会津には遺物の乏しい竪穴式石室や箱式石棺を主体とする小円墳が多く，7世紀になると横穴墓が出現する。

　県南（白河・須賀川・郡山）地域には目下のところ古い時期の古墳が乏しく，須賀川市雷遺跡や郡山市大善寺遺跡から塩釜式を伴出する小前方後円墳や方形周溝墓が知られている。郡山市正直古墳群は，5世紀の古墳群であるが埴輪を欠き，石製模造品の型式から23号→27号（直弧紋鹿角装剣副葬）→13・30号墳の順となると推測している。郡山市阿弥陀壇古墳群の1号墳は周溝から南小泉式が出土しているので5世紀後半に比定される。6世紀の横穴式石室墳の系譜は須賀川付近においてはっきりたどることができ，大仏前15号墳（6世紀前半・帆立貝式墳）→前田川大塚（同中葉・円墳）→塚畑古墳（6世紀後半・前方後円墳）→蝦夷穴古墳（7世紀初頭・墳形不詳，切石造り石室）となる。

　白河付近では，優秀な埴輪群とTK 23式の須恵器を出土した泉崎町原山1号墳が6世紀初頭，白河市舟田下総塚は6世紀後半と考えられる。6世紀末以降になると横穴墓が出現する。石川町宮ノ前古墳と白河市谷地久保古墳は7世紀末の終末期古墳で，畿内からの直接的影響であろう。

　県北（信夫・安達）地域には目下古式古墳はなく，国見町塚ノ目11号墳（円?墳）は石製模造品から5世紀前半，八幡塚古墳（帆立貝式墳，第IV期埴輪）は5世紀後半と考えられ，最近大量の埴輪（IV期）を出土した本宮町天王壇古墳（帆立貝式墳）は円筒埴輪の型式から後者と同じ年代と思われるが，埴輪の中に眉庇付冑をかたどったものがある。信夫盆地には横穴式石室墳が多いが，古いもの（6世紀後半）には胴張りが弱く，7世紀に入ると胴張りがつよく，8世紀まで降る。その年代は単龍環頭大刀出土の保原町土橋古墳と蕨手刀出土の梁川町新山2号墳によって与えられる。

　浜通り（太平洋沿岸）地域の最古の古墳は，浪江町本屋敷1号墳（前方後方墳）で4世紀後半を降らず，いわき市愛谷古墳（円?墳）は同世紀末に比定される。原町市渋佐1号墳（前方後方墳）は年代の決め手に乏しいが5世紀前半，大型墳のいわき市金山1号墳（前方後円墳）は伴出土器（南小泉式）により同中葉に比定されうる。5世紀後半の古墳として，鹿島町真野寺内49号墳（円墳，石製模造品），浪江町上ノ原4号墳（組合式石棺，直弧紋鹿角刀装具），いわき市神谷作106号（帆立貝式墳，第IV期埴輪）がある。6世紀前半の古墳として，有名な天冠埴輪を出土したいわき市神谷作101号墳，6世紀中葉には金銅双魚佩を出土した真野寺内20号墳（前方後円墳，横穴式石室模倣の礫槨）があり，横穴式石室をもった寺内24号墳はやや年代が降るであろう。いわき市勿来金冠塚古墳の築造は6世紀末に溯るものと考えられる。6世紀末以降，横穴墓が盛んに築造される。いわき市中田装飾横穴墓はその中でも年代の古い方に属する。いわき市八幡横穴から法隆寺献物に似た幡金具が出土し，7世紀前半の年代を示す。県下の泉崎・清戸迫（双葉）・羽山（原町）の3装飾横穴は内容の類似から7世紀前半のものと考える。

　福島県下の高塚古墳の中には8〜9世紀初頭に降るものもあり，横穴墓への追葬が8〜9世紀まで続いた例もみられる。

年	磐城・岩代地域の編年				参考とする古墳	備考
	会　津	県　南	県　北	浜通り		
200						
300						
	会津大塚山 3号 1号 十九壇 1号 宇内出崎山			本屋敷1号 愛谷	福岡・若八幡宮 大阪・紫金山 岡山・鶴山丸山	鉄製三葉環頭大刀 漆塗靱の直弧紋 仿製三角縁二神二獣鏡 } 会津大塚山
400	2号 鎮守森 亀ヶ森 田村山	正直23号 27号 阿弥陀壇1号 正直30号	塚ノ目11号 上ノ原4号 八幡塚 天王壇	渋佐1号 真野寺内49号 金山1号 神谷作106号	群馬・白石稲荷山 宮城・経ノ塚	石製模造品の類似(塚ノ目11号) 直弧紋鹿角製装具(上ノ原4号) 甲冑形埴輪・第Ⅳ期円筒埴輪(天王壇)
500	妙蓮寺1号 宇内鍛冶山4号	原山1号 大仏前15号 前田川大塚 竜ヶ塚(?) 塚畑 笊内37号横穴墓 渕ノ上	城山1号 土橋	神谷作101号 真野寺内20号 竹ノ下 真野寺内24号 中田装飾横穴墓 福迫27号横穴墓 勿来金冠塚	滋賀・水尾稲荷山 岡山・王墓山 京都・湯舟坂2号	TK23式須恵高杯(原山1号) TK47式須恵高杯(妙蓮寺1号) 金銅双魚佩(真野寺内20号) 鐘形杏葉(笊内37号) 半肉彫把頭双龍環頭大刀(福迫27号墓)
600	山崎横穴墓群 大塚山横穴墓群 蝦夷穴 泉崎横穴墓	笊内2号墓 阿弥陀壇25号 土壙墓 宮ノ前 谷地久保	森山4号 錦木塚 沼上1号	清戸迫横穴墓 羽山横穴墓 八幡13・24号横穴墓 弾正作横穴群	千葉・金鈴塚(第3埋葬) 法隆寺献物 栃木・壬生車塚 群馬・宝塔山 蛇穴山	板金造把頭双竜環頭大刀(八幡24号墓) 仏教の幡金具(八幡13号) 終末期古墳特有の切石積横穴式石室
700			新山2号		岩手・猫谷地	縮尺　0　200m

陸　前

■ 氏家和典
県立白石女子高校校長

　仙台平野に最初に受容された墳形は，方墳・前方後方墳の類で，いまのところ最古のものとして名取市高館山古墳があげられる。標高124mあたりに築造された山上墳で，前方部が狭長な柄鏡式の形をとっているから，立地条件とあわせて会津大塚山古墳と類似し，ほぼ併行する年代が考えられている。これを先駆として小牛田町京銭塚古墳や鳴子町石の梅古墳などの仙北地方にも築造されたが，名取地域では薬師堂古墳，宮山古墳，観音塚古墳などの築造を見て，前方部の巨大化する山居古墳にまで至っている。

　前方後方墳に続いてまもなく前方後円墳が登場する。現在の時点でその最古とされるのは，後円部に主軸平行の長大な粘土槨2基をもつ仙台市の遠見塚古墳であるが，古川市の青塚古墳（前方部の規模不明），名取市の雷神山古墳へと発展する。この三者に共通する要素は，墳丘上から二重口縁底部穿孔土師壺が発見されていることである。これは遠見塚古墳では，口縁部に粘土紐状貼付文のあるもののみのようであり，雷神山古墳ではこのほかに埴輪質の同形壺がめぐらされていることから，自らそれらの編年的位置づけが可能となる。雷神山古墳の実年代は，長持形石棺内部に直弧文鹿角製刀装具を副葬し，墳丘上に短甲・家形埴輪をめぐらせていた名取市経の塚古墳（前方後円の可能性もあり）との関連から推しても5世紀前半期に求められよう。

　前方部の巨大化は雷神山古墳で頂点に達し，以後の前方後円墳はすべて後円径を下まわっているが，東北地方では不可思議な現象の見られるものがある。その典型的なものは色麻町念南寺古墳，名取市名取大塚古墳，山形県南陽市稲荷森古墳などで，前方部前端幅が後円径と同大もしくはそれ以上になるのを避けて，縦に半截した形をとるから，墳形はいびつになる。古墳規制の一種と考えるべきであろう。白石市瓶ヶ盛古墳，仙台市長町裏町古墳もこの可能性が強く，5世紀半ばから後半期にかけての現象のようである。仙台平野では

いずれも円筒埴輪を伴っている。前方部が著しく短小で帆立貝式のタイプをとる白石市の亀田古墳も，埴輪をめぐらす古墳でこの頃のものであろう。名取大塚古墳と同群中にある十石囲古墳もこのタイプのようで，磧の窪古墳群中の族長墓と推定されるが，ここでは埴輪はすでに消滅している。埴輪古墳の最後は，現時点では，壺を捧げる女性像，兜をかぶる武人像の出土した丸森町台町103号墳である。

　仙台市の大年寺山麓の沖積地には，地域首長墓とみられる4基の古墳が，2.5kmの直線上に並んで築造されている。規模や墳形については不明な点が多いが，裏町古墳が河原石積石室，二塚古墳が舟形石棺，一塚古墳が家形石棺を備え，築造年代は6世紀前半までにそれぞれ位置づけできよう。一塚古墳のみ埴輪を伴わないが，小型前方後円墳の可能性もないではない。

　6世紀頃から仙台平野でも群集墳が出現し展開する。白石市鷹の巣古墳群，丸森町台町古墳群，名取市磧の窪古墳群，色麻町上郷古墳群などは代表的群集墳で，なかには8世紀に入っても継続されるものがある。族長墓として内容の判明している例は台町20号墳で，仿製内行花文鏡や六鈴鏡など多くの副葬品が発見され，水尾古墳期の須恵聰（『東京国立博物館図版目録古墳遺物篇』1968年）の出土から6世紀半ば〜後半期と推定される。図示した編年表では6世紀後半期の古墳の少なさが目につくが，群集墳中に適当な古墳が確認されていないことによる。横穴式石室の初現は，いまのところ7世紀前半期と推定され，仙台市法領塚古墳が最初のようである。以後，群集墳中にもこのタイプが採用され盛行する。上郷古墳群のほとんどはこの類である。

　こういった群集墳築造の傾向のなかで，6世紀末頃から各地に横穴古墳が登場し盛況をみせる。なかには高塚葬制から横穴葬制への転換を思わせる地域も存しているが，本特集の趣旨上，本稿ではふれないことにしたい。

参考文献

1)　拙稿「宮城の古墳」『宮城の研究1』清文堂，近刊予定
2)　同「東北における大型古墳の企画性と編年」東北歴史資料館研究紀要，4，1978
3)　同「仙台平野における横穴式石室古墳について」宮城県多賀城跡調査研究所紀要，Ⅳ，1977
4)　『宮城県史 34・考古資料』宮城県，1981

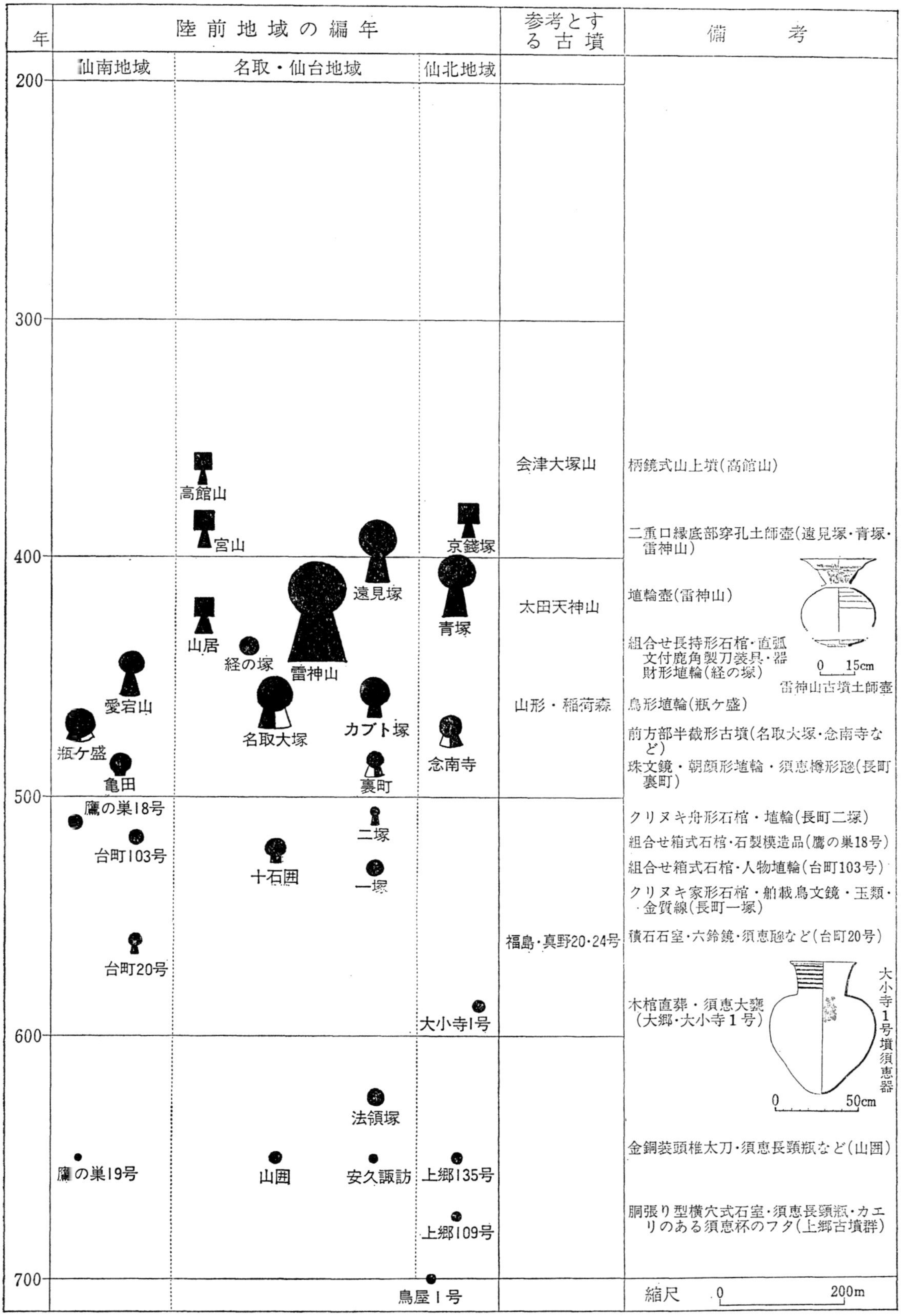

年
陸前地域の編年
参考とする古墳
備考
仙南地域
名取・仙台地域
仙北地域
200
300
400
500
600
700
高館山
宮山
山居
経の塚
雷神山
遠見塚
京銭塚
青塚
愛宕山
瓶ケ盛
名取大塚
カブト塚
念南寺
亀田
裏町
鷹の巣18号
台町103号
二塚
十石囲
一塚
台町20号
大小寺1号
法領塚
鷹の巣19号
山囲
安久諏訪
上郷135号
上郷109号
鳥屋1号
会津大塚山
太田天神山
山形・稲荷森
福島・真野20・24号
柄鏡式山上墳(高館山)
二重口縁底部穿孔土師壺(遠見塚・青塚・雷神山)
埴輪壺(雷神山)
組合せ長持形石棺・直弧文付鹿角製刀装具・器財形埴輪(経の塚)
0 15cm
雷神山古墳土師壺
鳥形埴輪(瓶ケ盛)
前方部半截形古墳(名取大塚・念南寺など)
珠文鏡・朝顔形埴輪・須恵樽形𤭯(長町裏町)
クリヌキ舟形石棺・埴輪(長町二塚)
組合せ箱式石棺・石製模造品(鷹の巣18号)
組合せ箱式石棺・人物埴輪(台町103号)
クリヌキ家形石棺・舶載鳥文鏡・玉類・金質線(長町一塚)
積石石室・六鈴鏡・須恵𤭯など(台町20号)
木棺直葬・須恵大甕(大郷・大小寺1号)
大小寺1号墳須恵器
0 50cm
金銅装頭椎太刀・須恵長頸瓶など(山囲)
胴張り型横穴式石室・須恵長頸瓶・カエリのある須恵杯のフタ(上郷古墳群)
縮尺 0 200m

特集● 古墳の編年を総括する

古墳の被葬者と実年代

古墳の被葬者を推察し，実年代を探ることは古くから試みられてきたことだが，それはどのように考えていけばよいのだろうか

古墳の被葬者／古墳の実年代

古墳の被葬者
——古代史研究の立場から——

京都教育大学助教授
■ 和 田　萃
（わだ・あつむ）

墓誌の検出がそれほど期待できない日本の古墳では，今後，終末期古墳を各分野から総合的に把握していくことが必要である

1　はじめに

昨年5月，奈良県高市郡高取町佐田の春日神社境内から，束明神古墳が発掘され，草壁皇子がその被葬者ではないか，と種々議論されたことは記憶に新しい[1]。昭和47年3月に発掘された高松塚古墳についても，当時，その被葬者について，数人の候補者があげられたが，終末期古墳に関する資料が不十分で，被葬者論は時機尚早の感が深かった。しかし，ここ十年余の間に，飛鳥だけでも，マルコ山古墳の発掘調査が行なわれたし，環境整備事業に関連して，越岩屋山古墳，牽牛子塚古墳，中尾山古墳などで，墳丘や石槨内が調査され，また，キトラ古墳が発見されるなど，終末期古墳に関する新しい知見が著しく増加した。こうした状況下で，束明神古墳が発掘されたのである。考古学による発掘成果を咀嚼し，十分に吟味した上で，古代史の立場から，その被葬者について発言しうる時期がようやく到来したと考える。墓誌が出土しない以上，被葬者論は無意味だとの意見もある。確かに学問的には正しい方法論である。しかし，墓誌埋納の風が盛んになるのは，7世紀の第4四半世紀から8世紀代で，時期的には，いわゆる終末期と若干重なるに過ぎない。それで，今

後，終末期古墳から墓誌が検出される可能性は残るものの，現に高松塚古墳，マルコ山古墳，束明神古墳には埋納されていなかったし，今後もそれほど期待できないだろう。むしろ，私は，今後，被葬者論を深めることでいろんな学問分野から，終末期古墳を総合的に把握していくことが重要と考える。本稿では，古墳時代終末期までに限定して，古代史を専攻する私の目からみて，その被葬者が明らかと考えられる古墳を指摘したい。それは取りも直さず，古墳を編年していく際の指標となるだろうと思う。

2　陵墓の治定

『古事記』『日本書紀』には，歴代天皇の陵名や所在地が記されており，延喜諸陵墓式にはさらに，所在国郡名，兆域，陵戸・守戸の数をも記載している。持統5年10月に，先皇や自余の王等の陵戸の数が決定され，また，『令集解』によれば，大宝令の別記に，常陵守・常墓守，借陵守・借墓守（養老令に至り，陵戸・守戸の名となる）の数が列挙されているので，8世紀初頭には，歴代陵墓の所在地は確定していたと考えられる。

ただ，問題は，当時，陵墓の所在地が確定していたとしても，それは歴代天皇系譜，とくに，帝

紀の山陵記載と，その頃，現存していた古墳とが結びつけられた結果に過ぎなかったことである。陵墓の確定は，その大王や皇子女の実在を示すものではなかった。一例として，神武天皇陵とヤマトタケルの白鳥陵を取り上げよう。神武天皇陵は，『日本書紀』によれば，壬申の乱当時，畝傍山の麓に所在していた。しかし，神武は，6世紀中頃，初代の大王として，大王系譜に位置づけられた人物で，実在の大王ではない。したがって，神武天皇陵は，神武が初代大王として位置づけられて以降，畝傍山々麓のある古墳を，そのように称するようになったに過ぎないのである。同様に，ヤマトタケルも実在の人物ではなく，景行と応神との間の大王系譜を繋ぐために，創案された皇子である。6世紀中葉に成立した原ヤマトタケル伝承では，ヤマトタケルは，西討に従事し，東征の最中に死んだ悲劇的英雄として語られていたが，史実ではないのは勿論である。ヤマトタケルの白鳥陵も，『古事記』『日本書紀』では，伊勢，大和，河内に伝承されているが，これらも，ヤマトタケル伝承成立後に語り出されたものに過ぎず，それを8世紀初頭に確定したのであった。

8世紀初頭に確定した陵墓のうち，現在に至るまで，その所在地が間違いなく伝えられているものはごく一部分であり，ましてや，その陵墓名と被葬者が一致するものは，さらに限定されるだろう。その原因は，古代律令国家体制が弛緩するとともに，陵墓に対する尊崇の念が薄れ，ついには，陵墓の所在地すら，不明に帰すようになったからである。延喜式によれば，毎年12月には，諸陵墓に対し，奉幣が行なわれる規定であったが，ケガレ観念の肥大化とともに，奉幣使に任ぜられても，それを忌避して赴かない例が頻出してくる。さらには，1060年（康平3）の推古天皇陵，1063年（康平6）の池尻山陵（成務天皇陵），1149年（久安5）の聖武天皇陵のように，盗掘事件さえ起ったのである。中世以降になると，後に検討する「諸陵雑事注文」にもみえる如く，古代の諸陵墓に対して奉幣される例はごくわずかとなっている。さらに，天皇陵に比定されることが多かった巨大な前方後円墳が，池に囲まれた要害の地であるところから，砦や城郭に利用されたりさえしたのであった。

17世紀末頃になって，勤王思想の高揚とともに，荒廃したり，その所在地さえ多く不明となっ

ていた陵墓に対する関心が高まってくる[2]。1696年（元禄9）に刊行された松下見林の『前王廟陵記』や，細井知慎の建策が契機となって，1697年（元禄10）に，いわゆる元禄修陵が行なわれた。細井知慎の「諸陵周垣成就記」によれば，この元禄修陵に際して所在地が決定されたのは，大和国の山陵29カ所，河内国の山陵10カ所，和泉国の山陵3カ所，山城国の山陵23カ所であった。このうち，山城国の山陵は，天智天皇陵を除くと，すべて，比較的に記録の多い9世紀以降のものである。元禄の修陵を検討してみると，いわゆる御墓は修陵の対象になっていないし，また，山陵でも，崇神，仁賢，継体，欽明天皇陵は，その所在地が不明ということで，決定されていない。大和国内の山陵治定の経過をみると，奈良奉行の内田伝左衛門が，大和各地の村役人に，御陵所在の有無や御陵伝承地があれば答申するよう回状を回し，各地からの口上書に基づいて，山陵を決定している。奈良奉行所独自の意見で決定した例はごくわずかで，そのほとんどは地元の伝承をそのまま採用した。元禄修陵に際しての決定は，その後の修陵にも大きな影響を及ぼし，現在も，同じ場所に治定されているケースが多い。しかし，その根拠たるや，元禄修陵当時の地元の伝承が唯一のものであり，果して，8世紀初頭に確定されていたのと同一かどうか，甚だ疑わしい。

その後，1732年（享保17）にも，山城，大和，丹波，摂河泉で修陵が行なわれたが，簡略なものであったらしい。最も大がかりな修陵事業は，1862年（文久2）に宇都宮藩が中心となり行なったもので，現在，治定されている陵墓の大半は，この時に決定されたものと言ってよい。大和国では，これに先立って，安政年間に，奈良奉行寄力中條良蔵らを中心に，国内の陵墓探索，当時輩出した山陵家の諸説や文献資料の博捜が行なわれていたので，文久度の御陵決定には，その成果が大いに利用された。ただ，その決定に際しては，元禄度の決定を基本としたうえ，今日のような考古学的知識が欠如していたため，その決定には多くの問題を残したのである。明治に入ってからも，1876年（明治9）10月に手白香皇女の衾田墓，同年11月に間人皇女（孝徳天皇皇后）の御墓，1889年（明治22）6月に顕宗天皇陵と武烈天皇陵，同年7月に崇峻天皇陵が決定されている。4世紀初頭に築造された西殿塚古墳を，衾田墓とするなど，

やはり決定の根拠はきわめて薄いものであった。

　以上，7世紀後半の歴代陵墓の確定と，近世の修陵事業について述べたが，こうしてみると，古代に決定されていた陵墓で，その所在地が近世をへて現在に至るまで変らないのは，明らかなところでは天智・天武天皇陵のみである。聖徳太子の磯長墓は，若干問題を残しているものの，その例に加えてよいだろう。ヤマトトトヒモモソヒメを葬ったという大市墓は，古代においても，現在の箸墓古墳と考えられていたので，同様の例とすることが出来る。ただし，ヤマトトトヒモモソヒメは伝承上の人物であるから，本稿での被葬者論の対象となる陵墓は，天智・天武天皇陵と磯長墓のみと言ってよい。

3　古墳の被葬者——喜田説の吟味

　従来，古墳の被葬者を積極的に論じたのは，歴史地理学者の喜田貞吉であった。代表的な論文として，「古墳墓雑考」「上古の陵墓」「古墳墓年代の研究」[3]などがある。これらの諸編は，明治末年から大正の始めにかけて書かれたものだが，現在でも，学問的批判に十分耐えるものである。喜田は，これらの諸編において，古代墳墓の標準となるものとして，陵墓では，ヤマトトトヒモモソヒメの箸墓，応神天皇の誉田陵，仁徳天皇の大山陵，安閑天皇の古市高屋陵，聖徳太子の磯長墓，天武・持統天皇を合葬した檜隈大内陵をあげ，さらに，石舞台古墳を蘇我馬子の桃原墓，水泥の二つ塚（水泥蓮華文石棺古墳）を蘇我蝦夷・入鹿の今来の双墓としている。

　喜田説を吟味する形で述べると，ヤマトトトヒモモソヒメの箸墓は，先に指摘した理由で除外でき，また，応神天皇の誉田陵と仁徳天皇の大山陵については，古市や百舌鳥地域の5世紀代の大王陵の編年が問題視されている現在，被葬者論を展開する域に達していない。ただ，応神天皇陵については，誉田山古墳が，『日本書紀』編纂時において，応神天皇陵と考えられていたことは，雄略紀9年7月条の田辺史伯孫の話から明白である。

　安閑天皇の古市高屋陵があげられた理由は，『応仁後記』や『続応仁後記』に，畠山尚順が，高屋城を築くに際し，安閑天皇の御廟所であることを知りながらも，要害の地であることから，築城したとの記述によっている。安閑紀には，安閑天皇と皇后の春日山田皇女および神前皇女を合葬

したとするが，延喜諸陵墓式には，高屋地域に，安閑天皇の古市高屋陵とは別に，春日山田皇女の古市高屋墓がみえ問題を残すこと，また，高屋城築造に際し，墳丘が破壊されていて，年代判定の材料に乏しいことから，これまた，除外されるべきだろう。

　聖徳太子の磯長墓について，喜田は「疑問あるべからず」とし，また，現在も，疑う余地はないとされている。私も，同様の説に立つ。しかし，問題点が全くない訳ではなく，今後の検討に待ちたいことがある。それは，聖徳太子の母，穴穂部間人皇女をめぐってである。磯長墓の玄室内には三棺が安置されており，諸史料から，穴穂部間人皇女，聖徳太子，聖徳太子の妃である膳大娘を葬った，いわゆる三骨一廟墓とされている。ただ問題は，延喜諸陵墓式に，間人女王の龍田清水墓（大和国平群郡所在）がみえることである。間人女王を舒明天皇の皇女で，孝徳天皇の皇后となった間人皇女とするのは，少し無理であろう。それは，天智紀6年2月条に，斉明天皇と間人皇女を，小市岡上陵に合葬したことがみえているからである。とすれば，間人女王は，「女王」の表記に問題はあるものの，聖徳太子の母である穴穂部間人皇女の可能性が大きくなってくる。延喜諸陵墓式によれば，平群郡には，聖徳太子の子，山背大兄王の平群郡北岡墓も所在した。また，上宮王家は，斑鳩の地に宮を営み，平群谷の地とも深い繋りを有していたから，龍田清水墓が穴穂部間人皇女のそれである可能性がより大きくなったといえよう。間人女王については問題あるものの，聖徳太子の薨去後まもなく，太子に対する信仰が起り，奈良時代には，叡福寺も建立されていることから考えて，磯長墓に聖徳太子が埋葬されている事実に変りはなく，被葬者の明らかな古墳とすることが出来るだろう。

　天武・持統両天皇を合葬した檜隈大内陵に関する喜田の考証は完璧である。喜田は，「古墳墓雑考」において，「阿不幾乃山陵記」「明月記」「諸陵雑事注文」「西大寺三宝料田目録」などの史料を検討して，明日香村野口の王ノ墓が天武・持統陵であることを考証した。蛇足を加えるとすれば，元禄の修陵から文久の修陵までの間，明日香村野口の王ノ墓が天武・持統陵とされていたが，文久修陵以後，見瀬丸山古墳に治定替えとなった。しかし，明治13年6月，京都の高山寺で「阿不幾

檜隈大内陵（天武・持統合葬陵）

乃山陵記」が発見され[4]，その結果，翌14年2月15日に，明日香村野口の王ノ墓が正式に檜隈大内陵に決定され，現在に至っていること位であろう。

次に，桃原墓と今来の双墓に関する喜田説について，検討を加えよう。まず，水泥の二つ塚（水泥蓮華文石棺古墳）を，蘇我蝦夷・入鹿の今来の双墓とする説は，別に検討した如く[5]，今来の範囲や水泥蓮華文石棺古墳の年代，水泥の地が巨勢氏の本拠地であることなどからすると，現在では成立の余地はない。なお，私は，今来の双墓を，益田岩船と憶測している。一方，石舞台古墳を蘇我馬子の桃原墓とする説は認めてよい。発表された年次からすると，喜田説は卓越している。『大和名所図会』などでは，明日香村上居の地名と飛鳥浄御原宮の「浄御」とを結びつけ，石舞台古墳を天武天皇の殯宮趾としていたが，喜田説では諸史料を検討し，蘇我馬子の桃原墓とした。石舞台古墳の年代については，巨石を用いた横穴式石室から，越岩屋山古墳を標式とする横穴式石室へ，さらに横口式石槨へと変化する古墳編年観で，論者により微妙な差異がある。しかし，終末期古墳の類例が増加するにつれ，最近では，石舞台古墳の年代を，蘇我馬子が薨じた626年（推古34）頃でよいとする見解が定着してきたようである。喜田説でほぼ尽きている感があるが，ここでも蛇足を加えるならば，石舞台古墳の北西で，もとの高市小学校のすぐ北の地から，一辺約42mの方形の池（『万葉集』にみえる「勾の池」かと推測されている）が検出された[6]。この池底の有機質土層から，大量の古代桃の種子が検出されている。この方形の池は，7世紀前半に築造されているので，推古朝には，この一帯に桃が数多く植栽されていたらしい。ここから直ちに，雄略紀7年条に，今来漢人である鞍部堅貴らが，上桃原・下桃原・真神原の3カ所に置かれたとの記事，蘇我馬子の桃原墓の名称が想起されるだろう。また，石舞台古墳の造営に際し，円墳群が破壊されている事実や，石舞台古墳の墳形が，当時としては例のない上円下方墳かと推測されていることも，その被葬者を蘇我馬子とする説を，より強固なものとしている。

4 古墳の被葬者──私説による追補

喜田説を吟味しながら，現時点で，被葬者の明白な陵墓や古墳を選び出したが，以下，さらに追加すべきものを列挙してみよう。陵墓では，天智陵と中尾山古墳があげられる。

天智紀には，何故か，天智陵についての記事がみえない。しかし，壬申の乱の勃発前夜，近江朝廷側が，美濃・尾張の両国に，山陵造営の名目で人夫を徴発し，人ごとに兵器を持たせた記事がみえ，また，『万葉集』巻2に，天智後宮の女性たちが，天皇不予の時から，埋葬が終り山科の御陵より退散するまでの間に作った挽歌群がみえていて，天智崩御とともに，山科の地に山陵が造営されたことは確実である。699年（文武3）10月には，山科山陵の改修が行なわれた。30回忌に際しての工事であろう。858年（天安2）12月9日，詔により，十陵四墓が決定されたが（『三代実録』，『類聚符宣抄』第4），天智天皇の山科山陵はその第一にあげられている。光仁天皇以降，皇統が天智系となったことによるのだろう。以後，それは変らず，延喜式においても，天智天皇陵は近陵とされている。

1200年（正治2）に成った「諸陵雑事注文」[7]に，当時まだ奉幣が行なわれていた諸陵墓がみえている。いま本論に関係あるもののみを列挙すると，「山科」（天智天皇），「嶋上郡」（摂津，継体帝），「和泉」（仁徳帝），「青木」（大和，天武天皇），「白鳥」（河内，日本武尊），「大墓」（大和），「渋谷」，「池尻」などの記載がみえる。天武天皇陵は，「阿不幾乃山陵記」からも知られるように，青木御陵と称されていた。「大墓」は，ヤマトトトヒモモソヒメの大市墓，「渋谷」は，天理市渋谷町に所在する渋谷向山古墳（現在の景行天皇陵。江戸時代には，崇神天皇陵とされていた），「池尻」は，成務天皇の狭城盾列池後陵であろう。これらは，延喜式段階で治定されていた山陵がそのまま踏襲されていると考えられる。このうち，現在の所在地が確認できるのは，

「山科」「青木」「大墓」「渋谷」であり，被葬者の確実なものは，「山科」の天智天皇，「青木」の天武・持統天皇のみである。

天智天皇の山科陵は，その後も鳴動記事が散見し（『中右記』永久5年12月条，『百錬抄』宝治元年6月条），江戸時代になっても，黒川道祐の『雍州府志』以下，各種の史料に，山科の御廟野の陵村に廟社と天智天皇陵があり，陵村には御陵を守る16家のあることを記している。以上のことから，天智天皇陵は，古代以来その場所が変っていないことが明白である。また近世の諸史料の記述に，八角の石壇の存在を指摘するものがあり注目される。例えば，松下見林の『前王廟陵記』や白慧の『山州名跡志』などであり，『山州名跡志』ではさらに，もと八角堂が存在したが，応仁の乱に際して焼亡し，今はただ礎石が残るのみとしている。天智天皇陵が八角形墳であったことは確実であろう。

中尾山古墳の墳丘調査で，2段（2重）の礫を一面に敷いた外部施設と，3段築成の八角形墳が確認された[8]。石槨は最も新しい時期のものであり，その構造からみて，火葬骨壺を納めたものと判断され，文武天皇陵とみてほぼ間違いないであろう。文武天皇の山陵号は，檜前安古岡上陵であり，安古の名を伝える小字「悪谷」が，明日香村上平田の集落の南にあるので，中尾山古墳と現在の文武陵はともに，檜前安古岡上陵である可能性はある。しかし，現在の文武陵は，もと栗原村に属した小字「塚穴」の地で，明治14年5月に治定されたが（同年2月，御園村小字「塚穴」として一旦決定されたが，小字「塚穴」が栗原村の所属であることが判明し，5月に改正された），その根拠は不明である。現在の文武陵が，古墳であるのか否かさえ不明であるから，まして，終末期古墳であるのか，それとも6世紀代の円墳であるのかも未詳と言わざるをえない。「聖なるライン」上にあるから，終末期古墳だろうとするのは論理の逆転である。

その他，陵墓に関連して，被葬者がほぼ明らかな古墳として，梅山古墳（現在，欽明天皇陵として治定されている）と見瀬丸山古墳があげられる。現在，このうちどちらかが，欽明天皇の檜前坂合陵であるというところまで絞り込まれてきた。私は，見瀬丸山古墳を宣化天皇陵，梅山古墳を欽明天皇陵と考えている[9]。見瀬丸山古墳が三骨一廟墓である可能性が大きいこと，梅山古墳に砂礫が葺かれ，その陵域内に，檜前墓の可能性のある平田岩

屋古墳や越岩屋山古墳が存在しているからである。また，最近調査された事例では，最初にあげた束明神古墳の被葬者が，草壁皇子であることはほぼ確実であろう。

陵墓以外の例では，すでに指摘されているように，岩戸山古墳の被葬者は，『筑後国風土記』逸文にみえる筑紫君磐井であろう[10]。岩戸山古墳の年代，規模，出土遺物は，風土記の記事と完全に一致する。問題は，何故，6世紀前半に死んだ国造磐井の墓が，奈良時代の記録に残されたかという点であるが，これも，風土記の記述が，推古朝に編纂された国記に基づくとすれば解釈可能である。従来，国記は，日本の歴史を記したものとされているが，各地の国造治下の各クニグニの歴史や地誌を記したものであろう。「国造本紀」の記述は，6世紀代に各地で築造された前方後円墳の在り方をよく反映しており[11]，国記に類した記録に基づいているとみてよい。国造磐井の死から国記の編纂までほぼ百年，彼の活躍やその墓が，口頭伝承で，民衆の間に伝えられていたことは十分に考えられる。

註
1) 束明神古墳の被葬者について，私は古代史の立場から，昭和59年5月19日の朝日新聞夕刊に小文を寄せた。
2) 和田　萃「山陵治定の沿革」東アジアの古代文化，12，1977
3) いずれも，『喜田貞吉著作集』（平凡社）第2巻に所収
4) 田中教忠「阿不幾乃山陵記考証」考古界，5—6，1906
5) 和田　萃「今来の双墓に関する臆説」史想，19，京都教育大学考古学研究会，1981
6) 奈良県教育委員会『嶋宮伝承地』1974
7) 丹鶴叢書所収。なお，私は，京都大学国史研究室架蔵の文政4年5月21日所写本を用いた。
8) 明日香村教育委員会『史跡中尾山古墳環境整備事業報告書』1975
9) 和田　萃「見瀬丸山古墳の被葬者」日本書紀研究，7，1973
10) 森貞次郎「筑後風土記逸文に見える筑紫君磐井の墳墓」考古学雑誌，41—3，1956
11) 座談会「前方後円墳の終末」古代学研究，106，1984

古墳の実年代

橿原考古学研究所
菅谷文則
（すがや・ふみのり）

古墳の実年代研究は主要テーマの１つであるが，ここでは
著名な稲荷山古墳と岩戸山古墳を例にとって実証してみる

1　編年研究の歴史

　古墳の編年研究と，その各段階に対する絶対年代の付与は古墳時代研究の第一歩であり，日本考古学の研究史にのこる数多くの先学の研究業績によって，現在の研究がなりたっていることは言うに及ばない。古墳の研究と，古墳出土遺物の研究は戦前においても活発にされたが，古墳時代の生産遺跡，住居遺跡，古墳以外の墓地などの研究は，戦後において開始された研究テーマである。

　いまここで，回顧風に研究史をみてみると，戦後の研究にも大きくわけて二つの研究の潮流があることがわかる。第一は，古墳の年代決定は，仮に言うならば総合判定によって決定するもので，戦前の古墳の研究が，ごく少数の例外的事例を除いて発掘調査を伴わない，言い方をかえれば偶然の機会によって得られた零細な出土品を点綴して進められ，研究を取りまく外的環境によって制約された中で生まれた研究手法である[1]。第二は，おもに戦後に急速に深化した土器，とくに土師器・須恵器によって，古墳の年代を代表させるものであり，近年の円筒埴輪研究による古墳年代の決定もこの範疇に入る[2]。

　またこれとは別に，戦後の古墳の学術発掘によって，発掘調査という考古学のもっとも基本的手法を通じて有銘遺物が多く発見されたことである。とくに 1955 年の和泉黄金塚の最初三年銘画文帯神獣鏡[3]，東大寺山古墳（中平二年銘刀）[4]，神原神社古墳（景初三年銘三角縁神獣鏡）[5]，稲荷山古墳（辛亥年銘刀）[6] などの中国と日本の記年銘遺物が発見されたことの意義は大きい。なかでも稲荷山古墳の大刀銘は日本において制作されたもので，その制作から埋葬に到る時間が，他の中国年号を記した遺物に比べて短いことから古墳編年に与えられた影響は大きい。

　いっぽう須恵器・土師器・埴輪の型式学的編年に基づく古墳年代の決定は，型式の相対的前後観による先後関係の決定に対して，そのある一点の

実年代を求め，全体に及ぼすものである。須恵器については窯跡の検出が割合に容易であることから，窯の床面の一括出土品によって編年表が作成され，これに基づいて，それを出土した古墳の年代の決定がされる。ところが現実の古墳の発掘を通じてみるならば，その二型式の須恵器が同時埋葬されることがある。この場合は後期古墳にあっては坏・蓋坏にはじまり甕・甕・各種の壺など多種類の器種が同時に出土することがあり，その相互関係を通じて年代決定をより詳しくすることができる。ところが土師器が畿内の古墳から出土する場合には，器種がほぼ小型甕と小型丸底土器に限られており，器種相互間の相互チェックをすることが困難である。埴輪についても円筒埴輪が，墳丘築造のいかなる時点で設置され，埋葬主体の建設との関係についても考慮を払う必要があろう[7]。たとえば大阪府弁天山Ｄ２号墳の発掘では第１次埋葬に伴うもの，第２次埋葬に伴うもの，そして第３次埋葬に伴って，並べ替えがおこなわれている実例がある[8]。また畿内辺縁部ではあるが和歌山市寺内 18 号墳の墳丘をめぐって，間隔をおいて設置された円筒埴輪はとうてい同一技法によってなされたものとは考えられないほどのバラツキがある。奈良盆地の最古の大型古墳と推認できる箸墓古墳や西殿塚古墳には，いわゆる普通型の円筒埴輪，特殊円筒埴輪などが，底部穿孔土器などと共存して検出されており，型式学的には，その相互に明らかに時期差が認められる[9]。円筒埴輪については，その設置時期を発掘調査によって厳密に確かめてゆく事が必要であり，その遺物としての円筒埴輪は勿論のこと，出土状態についても，大縮尺の墳丘図に丸印を描く程度では，遺物としての円筒埴輪研究の進展に発掘がついているとは言い難く，検出した埴輪の図化率，写真発表率も著しく低い[10]。さらにこのような報告書を元にした遺物としての埴輪研究も，大きい制約があるものと言えよう。

2 稲荷山古墳と岩戸山古墳

　以上の観点にたって古墳年代決定についていくつかの事例を検討してみよう。

　埼玉古墳群中の稲荷山古墳については，1968年の調査によって出土した鉄剣に金象嵌された銘文のあることがわかったことはよく知られている。この古墳は墳丘全長120mの前方後円墳であるが，前方部が1938年ごろに削平されている。1968年の発掘調査によって，第一主体の礫槨と，第二主体の粘土塊を用いた木棺直葬の主体部が検出され，第一主体から出土した1本の鉄剣に表裏合せて115文字の金象嵌銘が見出された。発掘調査の段階では，この古墳の築造年代を6世紀の前半として報告されている。その後，鉄剣銘が明らかになってから出版された報告書では「第一主体部の被葬者は，辛亥年が西暦471年あるいは西暦531年であるにしろ，6世紀前半に埋葬されたものと思われる。第二主体部は鏡板引手金具の破片が第一主体部f字形鏡板引手金具と同様であり，挂甲小札・方形辻金具も同様であることから第一主体部と時期的には大差のない時期に埋葬されたものと思われる。周濠内より出土した埴輪も6世紀前半を下らないものである」[11]。

　いささか引用が長びいたが，古墳年代の決定にあたって，鉄剣銘による年代とは別に古墳築造年代を考究する点には敬意を表さねばならない。この報告の年代決定にあたって，5世紀代中頃から後半に年代比定をできる遺物と，6世紀前半に年代決定できる遺物をわけている。5世紀代に比定できるとされる轡・雲珠・辻金具・帯金具・三環鈴などは，判定のしがたい雲珠・辻金具を除いては，いわゆる中央系（畿内系）の遺物であって，6世紀代前半とされた遺物の多くは，東国系とされる鈴杏葉など，東国あるいは畿内系とにわかに決め難いものが多い。稲荷山古墳の出土品をこのように分類すると，1937年から1938年にかけてなされた前方部削平工事に伴って出土したとされる一群の須恵器の年代観が問題になってくる。これらの土器は坏蓋1，高坏蓋7，高坏10，𤭯1点の計19点である。これら一群の須恵器は，その製作技法などからみて，大阪府南部のいずれかの古窯跡で焼成されたもののようである。しかし，窯跡の同定は，東海，関東地方の窯跡調査ののちに決定されることでもある。報告書でも記されてい

るように，大阪南部の編年ではTK 23型式に比定でき，I期後半に比定できるが，高坏脚部のカキ目，高坏蓋の宝珠つまみの下端の仕末に，やや典型的でない印象がある。この一群の須恵器は，出土古墳に記年銘があることから関東地方の須恵器編年の基準になり，さらに大阪南部古窯群の編年研究にも絶対年代を付与することになる。このため，稲荷山古墳発見後，これらI期後半の須恵器の絶対年代を6世紀前半の後半以降に求めようとする傾向があり，後期古墳研究が，須恵器の編年研究に年代観の根拠を求めていることからすれば，従前の5世紀後半から末を代表する土器型式が6世紀前半でも遅い時期に変わることは大きい問題である[12]。

　ここで該資料をみてみると，出土状況がもうひとつはっきりしないことである。勿論，稲荷山古墳の墓域内から出土したことは明らかであったとしても，いくつかの問題点が残る。第一は墳丘と周濠の調査によって出土した須恵器はただの1片であって，他に須恵器片さえ出土していない調査結果からみると，これら須恵器は，第一主体部出土の古式の遺物とともに近畿地方から関東に運ばれたものである可能性があり，それらは5世紀のうちになされたと推認することも可能であって，この須恵器が墳丘部から一括出土したことに意義があり，この古墳の墳域内からこれら一群の須恵器が出土したことをもってこの須恵器を古墳の新しい時期に製造されたことを示すとしなくともよい[13]。第2の可能性は，報告書図版二によってみると，墳丘中堤右下部に，稲荷山古墳が築造される時に破壊された円墳の痕跡があり，外堤右上隅にも同様の痕跡をみることができる。そして近年の調査によれば，稲荷山古墳と丸墓山古墳周辺の地下小円墳は，いずれも大古墳に先行するものであることから，これら小円墳に伴う副葬品が稲荷山古墳の墳丘下に削平れで残存していた可能性もあり，いずれにしろ，学術調査によらない出土品をもって，立論の根拠にすることにはちゅうちょせざるをえない。

　西日本で，築造年代を実年代であらわすことのできる古墳の1つに岩戸山古墳がある。この古墳は周堤を含めた主軸長が176mあり，北九州最大の前方後円墳である。さらに墳丘の東南部に方形区画が付属し，墳丘各所から多量の石人・石馬類が出土していることによってよく知られている。

1956 年，森貞次郎氏が『筑後風土記逸文』にみえる筑紫国造磐井の墳墓がこの古墳にあたることを検証[14]されて以後，『日本書紀』継体天皇21年(527)6月に中央に反抗しつつ死亡した磐井の墓が岩戸山古墳であることは誰しもが信ずるようになった。『釈日本紀』に引く筑後風土記の該文は，風土記逸文でも武田祐吉氏が第1類とされたほぼ確実な資料である[15]。ただここにも問題がある。

これは日本書紀や風土記の原資料となったものに口伝と書写資料の両者があったと考えてよい。このうち風土記にのせられた磐井の墓がどの墓であるかは，死亡年の527年から風土記撰述の713年までにはおよそ210年の歳月が閏している。その間には既存の在地勢力の衰退と，律令社会の移行もあって動乱の時代を経過してきている。とすると，磐井の墓の伝承（A）と，磐井の反乱伝承（B），とさらに中央に残った磐井の反乱伝承記録（C）が，8世紀後半まで完全な形で残されていたとは考えがたいのである。もっとも，Cは記録性がよく，巨大な工事を実施したので，地元でのAも残りやすい。実存の確実な天皇の陵でさえ，奈良時代には探索する必要が生じるようになっている。磐井墓はBとCが地方と中央に残されており，別区をもつ異様な古墳がたまたまよく知られていたので，磐井の墓として記録されたのかもしれない。

もう一歩進めれば，地元の英雄が継体紀によれば，死亡後行方不明になっていたので，そののちその魂を，大型古墳である岩戸山古墳に仮託したかもしれない[16]。奈良時代に記録された墓をこことする伝承は，やはり奈良時代の伝承であって，そのまま古墳時代まで遡りうるものではない。この古墳の須恵器も従前の九州の古墳編年によれば，磐井の死亡年に比してやや古いものであり，磐井の墓とすることには，風土記の逸文の内容が古いという証明をする必要がある（森貞次郎氏が早く指摘されているように，風土記の方向表記と岩戸山古墳のそれとでは一致しない）。

3 古墳編年の動向

従前の古墳の編年研究では，さきに述べたように古墳の外形と，内部出土の鏡や石製品などの稀少価値の強いものを中心にして研究を進めてきたが，より普遍性の高い器具，つまり土器類を中心とする研究に変化しつつある。前者は，その稀少性のゆえに価値があり，いきおい一品製作的になっているので，編年研究もその個体差をどこまで均一化してみるかという重要な問題が残る。

いっぽう須恵器編年は，古墳出土品では追葬関係をうまくとらえることができず，窯跡出土資料によって型式学的にとらえるという点に特色があった。土師器は窯跡の発見が極端に少ないので，各遺跡出土品の型式学的研究による一括遺物の抽出，たとえば，布留式，庄内式などがあり，のち，これをベースとして層位学的研究が実施された。そして古墳時代前期にあっては纏向遺跡出土品を中心とする，各地の土器の移入と受容を通じて同時存在資料を中心として編年が進められている。

しかし，この土器，そして埴輪による編年研究は，絶対年代を決めえない欠点が残る。従前のいわゆる稀少遺物を中心とする編年研究では，中国鏡・帯金具など，ごく少数の中国ないし朝鮮製遺物を中心として絶対年代決めをしてきたのであるが，土器編年においても，さきに例示した稲荷山古墳，岩戸山古墳などごく少数の古墳を除けば（これさえも如上のように注意する点が多い），相対年代の例示にとまっていたことは言うをまたない。

近年，研究が深化した土師器編年は，その出土層位的・型式学的研究をベースとして古墳研究に大きく貢献し，古墳時代研究を，古墳とその出土品研究から名実ともに古墳時代研究にのせるうえで大きな貢献をしたが，絶対年代の決定は，弥生時代遺跡出土の中国製銭貨によっていること，古墳の稀少遺物による年代決定と，絶対年代の決め方から言えば同様であって，土器類による年代決定が従前の各種の要素たとえば，墳形，出土品，主体部の構造等々によってする，私のいう総合判定式の年代決定の優位にたつものではない。もちろんいわゆる総合判定の決定要素となる個々の遺物の研究の深化は大いに必要である。この場合に，たとえば甲種の遺物の編年に，従前から割合に編年がはっきりしている乙種の遺物をもちいることがあるとすると，その後，乙種の型式細分の根拠に甲種の編年を用いることもある。これなどは一種の循環論法であって，正しくはない。もちろん，甲種の型式的・層位的研究が大いに深化していれば別であるが……。

以上，現在の古墳編年について動向を書きしるした。なお，終末期古墳の研究については，文献

資料と大いに活用する関係があり，他日を期したい。

註

1) 戦前における古墳の発掘は，宮崎県西都原古墳群の発掘を除けば，組織的には実施されておらず，偶然の出土品を資料として古墳年代を構築されていた。さらに住居跡や生産跡の研究も散発的であり，西日本について言えば，縄文遺跡の分布が濃厚でなく，各遺跡の遺物の量も多くないこともあって，発掘調査の少なさをまねいていた。唐古遺跡や布留遺跡の発掘調査も，ちょうど戦時体制に突入したこともあって，戦前において発掘調査を中心とする考古学を確定するに至らなかった。

2) 須恵器研究が，土師器研究に，そして埴輪研究に与えた影響は大きく，畿内ではこの順序で研究が深化していった。須恵器編年の研究において中心的役割を果たした森浩一氏は，かねてから窯跡の土器の編年と消費地でのあり方には差があることを指摘していた（『古代学研究』30，1961）。

3) 末永雅雄・嶋田　暁・森　浩一『和泉 黄 金 塚 古墳』日本考古学報告，5，1964

4) 梅原末治「日本出土の漢中平の紀年大刀―大和櫟本東大寺山古墳出土品―」，金関　恕「東 大 寺 山 古墳の発掘調査」大和文化研究，7―11，1962

5) 蓮岡法暲「島根県加茂町神原神社古墳出土の景初三年陳是作重列式神獣鏡」考 古 学 雑 誌，58―3，1972

6) 県立さきたま資料館編『稲荷山古墳出土鉄剣金象嵌銘文概報』1979

7) たとえば生前築墓（いわゆる寿墓）を認めるならば，埴輪の樹立時期は当然問題となってくる。墳丘上の埴輪列と外堤の埴輪列との間の時期差である。畿内において外堤の埴輪列が調査されたものは，墳丘の埴輪列が未調査であって，直接的に比較できる例はない。

8) 田代克己「弁天山Ｄ２号墳」『弁天山古墳 群 の 研究』大阪府文化財調査報告書，17，1967

9) 奈良県立橿原考古学研究所付属博物館（岡崎晋明・中村潤子）編『大和の埴輪』1984，にそのすべてが図示されていて便利である。

10) 筆者自身も，その発掘調査資料のすべてを完全に報告したものでは ないが，和歌山県岩橋千塚寺内18 号墳出土の埴輪については，その出土状況の報告において，埴輪相互の出土状況について，さらに設置のあり方について詳しく報告しておいたが，遺物としての埴輪は，報告書作成時が全国的に学園紛争の前哨期にあったこともあって不充分であった。出土品はすべて和歌山市教育委員会において保管されているので，いまも実見できる。出土状況については発掘者本人以外には実見できず，発掘者の発掘観察能力が収集データのすべてとなる。

11) 県立さきたま資料館編『埼玉稲荷山古墳』1980

12) 従前の年代観自体が，いわゆる実年代決定の有力な根拠をもつものでなかったが，Ⅰ期後半が 6 世紀前半の遅い時期とすると，Ⅱ期，Ⅲ期がともに 6 世紀中におきた型式変化とせねばならず，いわゆる型式学的に年代幅を按分した時には 5 世紀後半から末にかけてとする型式観もなりたち，より妥当性があるように思える。

13) 生前築墓の観点からは，これら土器が，墳丘の起工に際して，地下に埋納されたとみることも可能である。

14) 森貞次郎『筑後風土記逸文にみえる筑紫君磐井の墳墓』考古学雑誌，41―3，1956

15) 武田祐吉『風土記』（岩波文庫）1937

16) 伝承Ａと反乱伝承Ｂは，必ずしも同一の古墳を媒介として生じる必要はない。ＡはＡの系譜があり，ＢにはＢの系譜がある。註 13) のように，もし岩戸山古墳が磐井が生前に築造したものとしても，その築墓の開始から死に至る年代幅があり，現在いわれるように，石人・石馬類の樹立が磐井の死をもって中断され，そして地中の墓室の壁面装飾にかわるという観点に立つならば，なおさらに築墓から死に至る年代幅にはより一層の考究を必要としよう。Ａの伝承がいくつも生じることは，後世に至っても地元の英雄某の墓が各地に存在することから容易に知りえよう。

　もちろん，北九州，ひいては日本中で数少ない被葬者を奈良時代文献によって決定できる古墳を利用しなければ，どうしても実年代に迫りえないという学問上の隔靴掻痒感と，実年代を与えたいという願望と，これについては厳密に区別しなければならない。

●最近の発掘から

弥生時代の銅剣埋納遺跡——島根県荒神谷遺跡

三宅博士・足立克己　島根県教育委員会

1　はじめに

　昭和59年7月，島根県簸川郡斐川町荒神谷遺跡で 358本に及ぶ多量の銅剣が検出された。同年1月松江市岡田山1号墳出土の鉄刀に銘文があることが判明したことに続く，古代出雲をめぐる重大事であった。これまで知られているわが国出土の武器形祭器のうち銅剣の数は約300本とされているが，今回の例はそれをはるかに越え，一遺跡からの出土量としては異常で，全国的にも例のないことであった。

　このことは今後のわが国における弥生時代の青銅器研究に大きな影響をあたえることは必至で，検出された中細形銅剣C類の呼称を「出雲型銅剣」とあらためてはとの気の早い提唱も試みられている。

2　遺跡の位置と環境

　荒神谷遺跡は宍道湖の南西岸から約6km ほど南に入った谷間の一隅，簸川郡斐川町神庭字西谷に所在し，律令時代の地名からすると出雲国出雲郡健部郷にあたると考えられる。

　この一帯は西方の仏経山（366m），高瀬山（304m），東の大黒山（315m）の山々から北へ向かって八手の葉状に脈生する支丘によって，深い谷が形成されている。それらの谷を北へ下ると斐伊川が形成した出雲地方最大の穀倉地帯である簸川平野がひろがっている。

　斐川町の遺跡は前述した連山の北裾に分布しているが，その密度が高いのは高瀬山の裾であって，いわば西谷の谷口にあたる上学頭の一帯と仏経山西裾にある出西の一帯があげられる。

　前者には全長約50m 前後を測る前方後円墳である軍原古墳，神庭岩船山古墳のほか小丸子山古墳，上学頭丘上古墳群などが知られている。後者には長者原古墳群，後谷東古墳，沢田横穴群，平野横穴群，出西丸子山古墳などが分布している。これらはいずれも古墳時代中期〜〜後期に属するものが主で，弥生時代の遺跡としては昭和37年国鉄山陰本線の斐伊川鉄橋かけかえ工事中に採集された遺物がある。それらは一部に後期の特徴をもつものがあるものの，ほとんどが古式土師器であったとされる。以上記した如く周辺には顕著な弥生時代の遺跡は未だ知られていない。

　ところで天平5（733）年に成立した『出雲国風土記』

にみえる出雲郡の神名火山は前述した仏経山で，銅剣が埋納された位置からはその頂を遠望することができる。同『風土記』には倭健命の名代として健部が設置されたため，この地を健部郷と呼ぶようになったと記されている。荒神谷の丘陵をへだてた西方の谷に武部と称される地名があるが，これは健部郷の遺称であろうか。

3　遺跡の調査

　簸川平野の南側の低丘陵には簸川南地区広域営農団地農道整備事業の一環として広域農道建設が計画されている。今回の調査はその工事に先だって島根県教育委員会が試掘のかたちで実施したものである。

　調査は昭和59年7月11日から丘陵斜面および谷水田に計20ヵ所の調査区を設定して実施した。銅剣はそのうちの一つの試掘壙内で検出され，当初認められた数は5本ほどであった。その後数日を費やして埋納壙の規模と本数を確認しようとしたところ，少なくとも100本近く埋納されていることが明らかになった。

　そこで奈良国立文化財研究所の指導を得て，埋納壙の全域を精査することとなった。調査は試掘壙の四方を拡張する形で 11m×11m の調査区を設定して実施した。

　埋納壙の規模があきらかになっていくに従い銅剣は4列に埋置され，本数もそれまでの予想をはるかに越え，最終的には総数 358本であることが知られるに至った。

　銅剣は埋納された当時の原形を保っているとはいえ，銅イオンがほとんど流れ出し脆弱な状態であった。このことから作業は難渋し，また取り上げ作業もアクリル樹脂を塗布し，ガーゼで裏打をした後，そえ木をあてて1本ずつ取り上げることとした。

　取り上げ作業は8月20日から約10日間を費やした。その後は埋納壙及び周囲の精査を実施し，すべての調査を終了したのは9月12日であった。

　ちなみに今回の調査で検出した遺構や遺物は銅剣及び埋納壙を除けば古墳時代後期を上限として，奈良時代までにおよぶもので，弥生時代にまでさかのぼるものは認められなかった。

4　遺構と埋納状態

　銅剣が埋納されていたのは西谷の最深部，東側にある，標高約 28m を測る小さな尾根の南斜面中腹である。遺

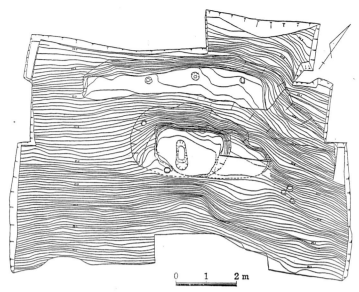

埋納壙実測図

構は傾斜約35度を測る地山面を二段にわたって掘り込んでおり，上段はほぼ垂直に掘り込んだ後，長さ約 6.9m，幅約 1.2m を測る平坦面を作り出すものであった。この平坦面には壁面に沿って 1.5m 間隔で並んだ 3 個の柱穴が認められた。また下段の加工段は銅剣を埋納するために設けられたもので，東西 4.6m の範囲を擂鉢状にくぼめ，さらにその中央に長さ約 2.6m，幅 1.5m を測る隅丸長方形の埋納壙が掘り込まれていた。埋納壙の床面はほぼ水平となっており，銅剣取り上げ後，精査したところ中央やや西よりで長径 1m，深さ 30cm を測る不整形な掘り込みが検出された。銅剣は前述した埋納壙内に 4 列（以下西から東に向って A，B，C，D 列と称する）あって，いずれも刃を起し整然と並べられ，各列の本数は A 34 本，B 111 本，C 120 本，D 93 本であった。A 列は鋒の方向を 1 本ずつたがい違いに置き，B 列は谷側南端 4 本が鋒先を西に向ける他は A 列と同様で，C，D 列はすべて鋒を東に向ける形となっていた。その配列などから推すと一時期に一括埋納されたものと判断された。

調査の結果，銅剣の埋納は，①斜面に上下 2 段の平坦面を加工する，②下段の加工段中央に埋納壙を掘り込む，③埋納壙の底面を地山粘土で整地する，④銅剣を埋納壙奥壁沿いから並べる，⑤銅剣直上に地山風化軟質礫混じりの黄白色地山粘土などを盛って，下段全体を旧地形に近い状態に埋めもどす，といった順序によるものと推定された。ところで埋納壙底面で検出した不整形な土壙は意識的に埋められた形跡があって，③以前に掘られていたことは確かであるが，その用途は不明であった。また銅剣は厚さ 0.5cm〜1cm 程度の黒褐色有機質土で覆われていたことから布のようなものに包まれていたものと判断された。

なお，上段の平坦面で柱穴が検出されたことから覆屋のごときものの存在も考慮されよう。

5 銅剣の観察

検出された銅剣はいずれも全長 50cm〜53cm を測り，若干数それを前後するものが認められる。これらは岩永省三氏の分類でいう中細形銅剣 C 類の範疇に入るものである[1]。ところで銅剣の茎部分に鋳造後タガネ状工具によったとみられる「×」印が認められた。この刻印はガーゼの裏打ちや，土が付着していることによって確実な数は不明であるが，現在 A 列 8 本，B 列 7 本，C 列 14 本，D 列 6 本が知られる。今後ガーゼを除去した後詳細に見ていけば，その数は増すものと思われる。今のところこのような刻印のある例は聞かないが，そのもつ意味は今後の検討に値しよう。

なお，これらの銅剣は検出時の観察からすると永年地中にあったため脆弱となっていたものの，いずれも刃こぼれなどの損傷が認められるものはなかった。このことから従来から説かれるように武器形祭器の終焉を期して周辺集落から集積，埋納されたとするより，鋳造されて間もない銅剣が一括埋納されたという印象を受けるものであった。

6 むすびにかえて

今回の調査が試掘調査の延長という形で行なわれたため埋納壙部分について比較的綿密な調査が可能となったことは特筆すべきことがらであろう。しかし銅剣の共伴遺物がなかったことから，その製作年代を従来の弥生時代中期後葉から後期のある時期とせざるをえず，また，埋納時期についても即断すべき手がかりを得ることはできなかったことは遺憾であった。この点については 60 年度実施される関連調査に待ちたい。一方，今後の課題としては得られた銅剣の詳細な観察によって，358 本がどのように分類しえるのか，またこれまで他地域で知られる中細形銅剣 C 類と比較して笵を共有するものがあるか否か，成分分析による原材料の同定など多岐にわたっている。これらの課題は単に荒神谷遺跡の問題にとどまらず，弥生時代青銅器が秘める未解決の問題にせまることになることは言をまたない。

ともあれ荒神谷遺跡における銅剣の検出が耕作や工事中ではなく，計画的な調査時であったことは日本の考古学史上きわめて幸運なことであったといえよう。

註
1) 岩永省三「弥生時代青銅器型式分類編年再考」九州考古学，55，1980

遺跡遠景（北東より）

大津宮時代の寺院跡
滋賀県穴太廃寺

構　　成／大橋信弥
写真提供／滋賀県教育委員会

滋賀県大津市穴太2丁目に所在する穴太廃寺では、大津宮時代の前後に創建、再建された二つの寺院遺構が、重複して検出された。いずれも、きわめて良好な保存状態で、同一場所で方位を大きく変えて造営されており、古代寺院跡研究に、今後大きな問題を提起するものと考えられる。

再建講堂全景（東より）

滋賀県穴太廃寺

再建金堂全景(東より)

A系統軒丸瓦

B系統軒丸瓦

C系統軒丸瓦

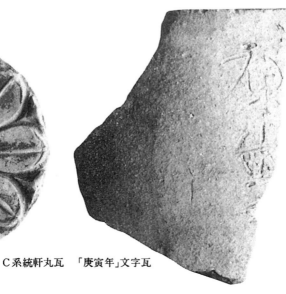
「庚寅年」文字瓦

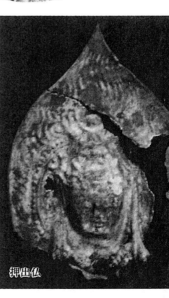
押出仏

銅剣検出時の試掘壙(南方から)

遺跡近景(北方から)

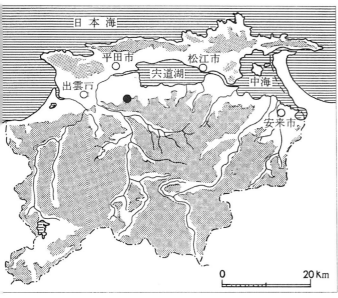
遺跡位置図

358本の銅剣が出土した
島根県荒神谷遺跡

島根県簸川郡斐川町の荒神谷遺跡で、小尾根の南斜面中腹にある埋納壙から4列に整然と並べられた銅剣が358本発見された。この数はこれまで日本で発見された銅剣の数をはるかに越えるもので、弥生時代の青銅器研究に大きな影響を与えることは必至であろう。銅剣はいずれも全長50〜53cmで、中細形銅剣に含まれるものであり、鋳造されて間もない時期に一括埋納されたと推定される。年代は共伴遺物がないことからむずかしいが、弥生時代中期後葉から後期のある時期とみられる。

構　成／三宅博士・足立克己
写真提供／島根県教育委員会

埋納壙(東方から)

銅剣出土状況（東方から）

島根県荒神谷遺跡

出土した銅剣

銅剣出土状況（東方から）

●最近の発掘から

大津宮時代前後の寺院跡——滋賀県穴太廃寺

大 橋 信 彌　滋賀県教育委員会

　穴太廃寺の調査は，滋賀県教育委員会が国道161号西大津バイパス建設予定地内において，昭和59年4月より実施し，これまでに創建・再建された2つの寺院遺構の中枢部をきわめて良好な状態で検出した。

1 位　置

　穴太廃寺は大津市北郊，穴太二丁目（小字刈分，下大門，上大門，赤田）に所在し，比叡山系から流出する小河川，四ツ谷川の形成した扇状地端に位置している。周知のように大津市北郊には，天智天皇の近江大津宮をはじめとして，崇福寺跡，南滋賀町廃寺，園城寺跡など大津宮関連遺跡が所在しており，一時期ではあるが，わが国の政治的な中心地となっていたことが伺える。そして穴太廃寺も，それらと密接な関連をもつと考えられるのである[1]。

2 遺　構

　創建の寺院　再建時に整地されたため，かなり削平を受けているが，西金堂，塔，回廊などを検出している。寺院中軸は磁北より約42度東に振り，西に小金堂，東に塔を配置して，これを回廊が廻る，川原寺式の伽藍配置をとるとみられる。

　<西金堂>　基壇地覆石が良好に残っており，東西12m，南北14.0mの規模である。当初は瓦積基壇であったとみられ，北西コーナーの地覆石の上に，再建講堂の基壇の南東コーナーが重複しており，遺構の前後関係が一目で判明する。なお，基壇規模は，同じ川原寺式の伽藍配置をとる南滋賀廃寺の西金堂とほぼ一致する。

　<塔>　北辺と西辺の基壇地覆石が良好に残っており，すべて凝灰岩の切石を使用している。近江においては，凝灰岩の有力な産地が認められず，他地方からの搬入品とみられる。

　<西回廊>　西金堂の西辺から8m西の地点で基壇地覆石列と一部の礎石が検出された。基壇規模は幅4mで，再建講堂の下を潜って北に伸びており，一部で塔と同じように，凝灰岩の切石を地覆に使用している。

　再建の寺院　創建の寺院を同じ場所で，方位をかえて建て直したもので，金堂，塔，講堂など寺院中枢部が，ほぼ完全な状態で検出された。寺院の中軸は磁北より約9度東に振っており，西に金堂，東に塔，北に講堂を配した，法起寺式の伽藍配置をとっている。

　<金堂>　瓦積基壇が良好に残っており，東西23.04m，南北19.14m，高さ1.2m以上の規模で，長さ65.0cm前後，高さ25.0cmの花崗岩の板石を横に立てかけた地覆石の上に，丁寧に平瓦を積み上げている。礎石は，水田化の際に大部分が抜きとられ，一部落し込まれているものもあった。抜き取り跡から推定される建物は，身舎，廂のいずれも2間×3間の特異なもので，類例としては，奈良山田寺の金堂にみられる[2]。

　<塔>　瓦積基壇の地覆石が一部に残るだけであるが，地覆石の抜き跡などから，一辺約12mの規模をもつと考えられる。基壇まわりには瓦溜が広がり，一部では葺かれていた状態の方形平瓦が折り重なって出土した。

　<講堂>　基壇および礎石がほぼ完存しており全容がうかがえる。基壇は石積で，東西28.21m，南北15.44m，高さ0.6mをはかる。建物は5間×2間の身舎に四面廂をつけたもので，礎石は約1m前後の方形の花崗岩自然石を使用しており，上面をわずかに平坦に加工したものである。廂部分の礎石間には，40〜60cm幅で二列（扉部分では一列）の地覆石が検出され，壁に伴うものとみられる。また身舎内中央には一間四方の仏壇とみられる束石があり，さらにそれを囲むように三間分に束石があって，低い木製の須弥壇の可能性が推定される。

3 出土遺物

　出土した遺物は大部分が瓦類であったが，ほかに7世紀後半から10世紀初頭に至る時期に比定される須恵器，土師器をはじめ，二彩陶器，緑釉陶器などの土器類，青銅製品，鉄製品などがあり，特殊なものとしては，再建講堂の須弥壇内から出土した大量の泥塔，須弥壇背面から出土した押出仏をあげることができる。ここでは，このうち瓦類をとりあげたい。

　<瓦類>　大きく三つの系統に分類される。

　A系統　白鳳期に通有なもので，いわゆる川原寺式の複弁蓮華文軒丸瓦，重弧文軒平瓦と平瓦，丸瓦からなる。

　B系統　大津北郊の白鳳期寺院にのみみられる特異な瓦で，単弁蓮華文軒丸瓦，素文方形軒平瓦，方形平瓦，丸瓦からなる。

　C系統　近江で最古とみられる，飛鳥時代末期に比定される単弁蓮華文軒丸瓦のみが知られる。類例とし

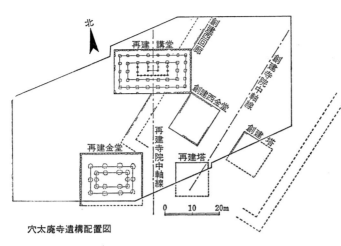

穴太廃寺遺構配置図

ては，北野廃寺，播枝瓦窯，隼上り瓦窯などにみられる[3]。

以上3系統のうち，本遺跡出土瓦の大部分をしめるA，B系統は，崇福寺跡，南滋賀廃寺，園城寺跡などの諸寺院で共伴出土しており，橙木原瓦窯においては，両者が交互に焼成されたことが確認され，いずれも大津宮時代に比定される[4]。これに対しC系統は，再建講堂の北東部および北西部から若干出土しただけで，近江では類例のない瓦である。

4 まとめ

以上のように，穴太廃寺は，きわめて保存状態の良好な寺院遺構であり，近江大津宮との関連なども含めて，今後，大きな問題を提起するものと考えるが，ここでは二，三の点について予備的な検討を加えておきたい。

創建，再建の年代 再建寺院が10世紀初頭まで存続していたことは，金堂，講堂の遺構面や，基壇修復部分からの出土遺物で確認されているが，創建，再建の年代は，現在のところ大津宮時代前後のある時期としか特定できない。ただC系統の瓦の存在が明らかになるにつれ，これを創建時のものと考える可能性も有力化している。すなわち，再建金堂の北側から出土した平瓦に，ヘラ描き文字がみえ，「庚寅年」と訓めるところから，これを630（舒明2）年の創建実年代を示すものと考えるのである。そしてそれは，平瓦の技法上からも矛盾のないところなのである。そして，この見解に立った場合，穴太廃寺は飛鳥時代末に，穴太地域の古地割にのっとって創建され，大津宮時代に至って，何らかの理由により，「大津京域」（大津宮に関連した地割の意）の地割にのっとって，同じ場所に再建されたというごとく，創建，再建の過程が，比較的スムーズに理解されるのである。

ただこのように考えた場合，いくつかの問題，たとえば，C系統の瓦の出土はきわめて少量で，必ずしも創建の遺構に伴わないこと，C系統の瓦と「庚寅年」の文字瓦との関連，創建寺院の伽藍配置の問題などが残されており，今後の調査の進行に待ちたい。

穴太廃寺と穴太村主氏 穴太廃寺の創建，再建については，上述のように今後検討を要する点は多いが，いずれにしても，本遺跡が白鳳時代から平安時代前期まで存続したことは事実であり，これをささえた勢力がこの地域にあったことは否定できない。そして，それが穴太村主氏であることは，すでに指摘されているとおりである[5]。穴太村主氏は，『新撰姓氏録』未定雑姓右京条に「志賀穴太村主。後漢考献帝男，美波夜王之後也。」，同山城国条に「穴太村主。曹氏宝徳公之後也」とあり，いわゆる漢人系の同族，大伴村主氏，錦織村主氏などとともに滋賀郡南部において，6世紀以降，大きな勢力をもっていたことは，この地域の山麓に分布する穴太古墳群，大谷古墳群，百穴古墳群，大通寺古墳群などの大群集墳の存在から知られるところであり，また近年の調査によって，本遺跡周辺で大壁造りの礎石建物を含む，居住区域も明らかになっている[6]。そしてこれらの渡来系豪族は，大津北郊を本拠としつつも，近江国の他地域や一部山城，丹波などへもその勢力を伸長させているのであって，これらの豪族が，平安時代に至っても同族意識，本拠意識をもっていたことは，続紀延暦6年7月条に「右京人正六位上大友村主広道，近江野洲郡人正六位上大友民日佐竜人，浅井郡人従六位上錦日佐周興，蒲生郡人従八位上錦日佐名吉，坂田郡人大初位穴太村主真広等，並改本姓賜志賀忌寸。」とあることから知られるのである。そしてこのうち穴太村主氏は，浅井郡，坂田郡，蒲生郡で大きな勢力をもち，坂田郡においては，奈良末以降，郡大領，小領に任じられているのである。したがって，穴太廃寺の存立基盤を考える時，このような他地域に居住する一族の役割も無視し得ぬところなのである。

註
1) 林 博通『大津京』ニュー・サイエンス社，1984
2) 奈良国立文化財研究所『山田寺展』飛鳥資料館，1981
3) 杉本 宏ほか『隼上り瓦窯発掘調査概報』宇治市教育委員会，1983
4) 林 博通ほか『橙木原遺跡発掘調査報告Ⅰ・Ⅱ・Ⅲ』滋賀県教育委員会・(財)滋賀県文化財保護協会，1975～1981
5) 水野正好「滋賀郡所住の漢人系帰化氏族とその墓制」滋賀県文化財調査報告書第4冊，滋賀県教育委員会，1969
6) 林 博通・吉谷芳幸「渡来系集団の集落跡」滋賀文化財だより，73，1983

書評

楢崎彰一 監修

日本陶磁の源流

柏書房
A5判 278頁
4,800円

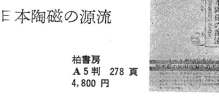

　本書は，1983年10月8・9の両日，大谷女子大学において行なわれたシンポジウムの内容が骨子となり，それに紙上参加の形で，当日，未発表の各地の実情や，シンポジウムの総括などが付け加えられてできあがっている。

　本書の構成にそってみていくと，第Ⅰに，監修者・楢崎彰一氏の基調報告である「日本陶磁の流れ―古代・中世の土器・陶器―」がある。この論文は日本陶磁史における須恵器の位置づけを暗黙のうちに読者に示されているようで，微細な専門馬鹿に陥りやすい後進への指針とも受けとれる。そのなかで，本書の問題点である須恵器の発生に係わる経緯と年代が簡潔に指摘されている。

　第Ⅱに，「須恵器の源流―各地の初期須恵器をめぐって―」に関連し，北は東北から南は九州まで，全国的に，資料紹介を含めて実情が報告されている。まず，陶邑窯跡群を擁し，大和王権が所在した「近畿地方」に最大の紙数が割かれているのは当然であるが，網羅主義を要求しないまでも，大和・山城・近江といった重要な地域が空白であるのは惜しまれる。とはいえ，近畿地方を担当された中村浩氏の報告には傾聴すべき重要な指摘が随所にみられる。一例をあげると，中村氏は，河内・一須賀2号窯について，陶邑のTK73号窯の百済系とは別の，加耶さらには新羅という系譜感を示される。この点は，畿内はもちろん他の地方でも，陶邑産のほか地方産初期須恵器の産地追求とともに，個別具体的に推進しなければならない課題の一つといえる。同じ近畿地方でも紀伊を分担された藤井和夫氏は早くから知られていた諸資料に加えて，最近発見された鳴滝遺跡などのそれらにもとづいて，5世紀前半における陶質土器の受容と，5世紀末における須恵器生産の開始を指摘される。その間，両者には数十年間のギャップがあり，それをどう理解するか，残された課題も少なくない。畿内と並んで，初期須恵器のもう一つの重要地域である「九州地方」は，小田富士雄氏によって報告されている。とりわけ甘木市池の上・古寺両墳墓群の新資料の発見などを通じて，北部九州では畿内とほぼ同時期に当る5世紀前半に，加耶式土器の国産化を考えられる。それにつけても，福岡県小隈窯跡などに対する発掘調査の必要性が痛感される。その点で，「東北地方」における仙台市大蓮寺窯跡の調査は重要な意義をもっている。桑原滋郎氏によると，東北地方では，すでに5世紀後半から末にかけて，須恵器生産がはじまっており，しかも大蓮寺窯産須恵器は，系譜的にみて陶邑のそれにつながらないとされる。また，古墳や集落跡出土の初期須恵器は，陶邑製品と思われるが，大蓮寺窯製品は消費地では未発見といわれ，両者の関係はいまだ明らかでない。初期須恵器の窯跡で注目されるのは，「東海地方」の名古屋市東山111号窯である。斉藤孝正氏によると，そこでは陶邑と別系統，すなわち，釜山周辺域，いいかえれば加耶系の初期須恵器が，5世紀前半に生産開始されている。同窯跡からは眼下に見下ろせる台地に白鳥古墳等々の大形古墳群があって，それらの首長層との関連や，円筒埴輪の共存などから，土師器工人の関与が示唆される。それに対して，「関東地方」(酒井清治氏執筆)では，すべてが搬入須恵器で，畿内産を筆頭として，東海産がそれにつぐとされる。そのなかで搬入ルートが追求されるが，東北の大蓮寺窯から類推して，在地産の可能性はまったくないのか，将来の検討を見守りたいところである。同じことは「北陸地方」についてもいえるが，観点を変えて，吉岡康暢氏は，北陸における須恵器生産と流通に三段階を設定し，古墳・村落・産地のあり方から各時期の特色をみごとに体系化されていて，研究の方向性の一端を示された。「中国地方」では，伊藤晃・島崎東両氏によって，5世紀半における舶載品や，それにつぐ陶邑製品の搬入はみられるものの，生産開始は6世紀中葉前後とされる。中国地方でも山陰における状況報告はなかったが，両地域とも5世紀における実態解明には，まだまだ時日が要するようである。それに比べて，「四国地方」では，松本敏三氏の個人的な熱意も係わって，香川県三郎池西・宮山の両窯跡において，陶邑に例のない器種や製作技法がみられるなど，陶邑とは別系統の初期須恵器窯の存在が明らかにされている。

　最後に，須恵器の源流を考えるとき，朝鮮半島との関係は見落せないが，この点について，北野耕平氏は，要領を得た「総括と課題」のなかで，適切な問題点を示して，不足部分を補完されている。

　ともあれ，本書は，地方における初期須恵器の実情を浮きぼりにするなど，現段階における初期須恵器調査・研究の到達点を知ることができ，また，豊富な資料が満載されているので，座右に置きたい最新の好著といえる。　　　　　　　　（西谷 正）

書評

泉森皎・河上邦彦・伊藤勇輔著
大和の古墳を語る

六興出版
四六判　368頁
1,300円

　中世の城址を破壊して中学校を移転させようとした茨城県牛堀町の町長が汚職容疑で逮捕された。造成に先だって保存の陳情に行った際町長は私に「文化財を保存しても一銭にもならないよ。城址がそんなに大切で中学校移転の一部を変更すべきかどうか町民大会でも開いて見ましょうか」といわれ、町民の支持を理由に昭和59年7月調査途中の本丸址を破壊してしまった。その折保存運動に協力していたある老人が「先生、日本の国で文化財や環境の保全を訴えることは無に等しいですね」といわれて返す言葉が見当らなかった。

　今や考古学が取り扱う遺跡は、次から次へと破壊され、未曾有の危機に瀕している。言い古された言葉であるが「遺跡は一旦破壊されれば二度と元に戻すことはできない」のである。

　こうした大前提に立脚して私たちは歴史資料としてばかりでなく、歴史環境として1つでも多くの遺跡を次の世代に伝える努力をして行かねばならない。しかしこのことは、牛堀町の例が示すようにきわめて困難である。遺跡の保存は全体の一握ほどの専門家が主張した所で無に等しい。最も大切なことは大衆たる国民に理解してもらうことである。

　要するに私たちは国民に対して考古学の知識を還元する努力をし、国民の知的レベルの高揚によって「文化財を保存しても一銭にもならない」と主張する意識を改革させねばならない。

　私は以上のような点を重視しながら泉森皎氏より恵送いただいた本書を拝読させていただいた。本書は次の七部構成である。

　　総　説　大和の古墳
　　第1章　奈良・生駒地域
　　第2章　山の辺地域
　　第3章　飛鳥・巨勢地域
　　第4章　葛城地域
　　第5章　五條・吉野・宇陀地域
　　巻末（古墳の編年、参考文献一覧、古墳の手引き、博物館・資料館一覧）

　これらのうち総説は年長の泉森氏が執筆し、他は河上邦彦、伊藤勇輔三氏の分担である。橿原考古学研究所の中堅学徒である三氏の奈良県下の古墳の案内書であり、決してむずかしい学術用語のみを並べたものではない。それでいてある程度この道を追求した者にも退屈させないきわめて良心的な書物である。

　本書の特徴は、①確実に現地調査を行なっていること、②現地調査の際、古墳だけを見学したのではなく、附近でそれぞれの古墳に関する種々の情報を採取して紹介されていること（例えば伝承、盗掘、発掘記、保存運動の経過、出土品の種類 etc.)、③メモとして交通機関などをあげている。

　1例をごく簡単に紹介してみると、
　　日葉酢媛命陵　ひばすひめのみことりょう
　　　　奈良市山陵町御陵前
①日本書紀の埴輪起源説話、②江戸時代は神功皇后陵と呼ばれていた、③5世紀前半、④立地、⑤大正5年盗掘されたこと、⑥埋葬施設の状況、特徴などがわずか400字足らずの文章の中に実にコンパクトにまとめられている。しかも各古墳に応じて図、写真などが使用され、その上「メモ」欄を設けている。取り上げられた遺跡の数は115ヵ所であるが、かつてこんな便利な案内書が存在したであろうか。それは短い文章という制約の中で充分に吟味され、無駄がないからである。

　私は今でも奈良を訪れるとき、泉森氏らの師である末永雅雄先生が著わされた『大和の古墳』を必ず拝読している。それは先生が自序で述べておられる「大和の古墳を見て歩こうとされる人々の道しるべのつもりで書いた」という謙虚な態度が文章に表われているからである。

　先生は序文に「本書を携えて各地の古墳を見て廻られた人の中で、この本に書いた三人の努力の『益』を受けて、新しい研究にはいられ、大きな業績を挙げられたなら、長い世代をつづける日本考古学前進の一歩となろう。」と記しておられる。30年前の師の『大和の古墳』と新刊の『大和の古墳を語る』を並読すると、末永先生の大きな学統を継承する三氏の連繋がきわめて一致していることを知る。

　最近はすべてがインスタント時代である。しかしそれがいかに無味なものであるか、大衆が気づきはじめた。手造りの味は食品のみに存するのではない。本書は正に手造りの書である。考古学にとって現地を踏査することはどんな理論にも勝るものである。

　大和の古墳を理解する上で最良の書が刊行されたことを喜ぶとともに、多くの人々に愛読されることを願って止まない。そして類書が全国各地で刊行される日を待ちたい。

（茂木雅博）

書評

小野忠凞博士退官記念論集
高地性集落と倭国大乱

雄山閣出版
A 5 判　453 頁
7,800 円

　本書は，小野博士が大学で30余年間考古地理学を教えるかたわら研究してきた成果の一部が収められるとともに，先生の研究姿勢のすばらしさとお人柄に魅了された人たちが，感謝の意をこめて寄稿したユニークな論考を一冊にまとめたものである。

　収録された論文は考古・地理・歴史と多岐にわたり，各視点からのアプローチは興味をひく。

　《自然環境と開発》　日下雅義「弥生時代ころの地形環境」，角田清美「山陰海岸・江津砂丘地帯の地形」，伊達宗泰「低平地の開発についての問題点」，福岡義隆「逆転層と高地性集落跡」

　弥生時代の海水準は現在より 2～3m 低く，紀元後250年ごろから上昇し，海抜の低い臨海低地にシルトや粘土を薄く堆積させた。河内では河川の営力による段丘面の変化が少ない（日下）。

　弥生から古墳時代にかけての奈良盆地では，大小の自然流が多くあり，小流や溝跡の存在によって水田経営のあったことが推測できる（伊達）。

　高地性集落は，山麓にくらべて気温の高い山の中腹で寒冷な風が少ない南・東斜面に多い。弥生時代は低温であったため，日射量の大きい斜面の温暖帯に住居をかまえ，近くで畑作を営んだ（福岡）。

　《集落遺跡》　村川行弘「集落跡からみた高地性集落」，富士埜勇「響灘沿岸の高地性集落」，山本一朗「周防灘沿岸の高地性集落」，瀬川芳則「大阪の高地性集落」

　高地性集落の立地や機能は一様でなく，水田経営や日常生活に適さない高所にある集落が多い。小野は比高のある高所に空濠・土塁や打製石鏃・鉄鏃・投弾という戦闘と防衛的な遺構遺物を持つ集落を高地性集落と，狭義でよんでいる。一般には防衛説，畑作説，祭祀説，海上支配者や異民族などの集落説，低地農村の分村説がある。

　ここでは大阪湾岸・河内の湖北と淀川沿い・響灘沿岸・周防灘沿岸における高地性集落の発掘例を紹介。地域や時代によって性格を異にし，多様性を持つという遺跡報告は社会的背景を無視できない。

　《弥生土器編年と年代》　小田富士雄「弥生土器の編年と年代研究の課題」，岡本健児「四国の弥生土器の編年と年代」，中野一人「山口県域の弥生土器の地域性」，森岡秀人「大阪湾沿岸の弥生土器の編年と年代」

　上記の課題に小田や岡本は，土器の分類・編年を方法論と理化学的方法で得た年代値と，暦年代推定を大陸系遺物との共存関係からとりくんでいる。

　中野は高地性集落から出土した土器群から。森岡は畿内の各様式間の土器群と第Ⅲ・Ⅳ様式の編年と各様式の再分析と暦年代観を，先学の諸説を検討しながら意欲的な試案を出している。

　この章の問題は百人百様の見解があり，短時間で解決できるものではなく，もっと討論が必要で，その叩き台として小野提案にそってすすめたらどうであろうか。

　《倭国大乱》　山尾幸久「二，三世紀の西日本の動乱」，安田喜憲「続・『倭国乱』期の自然環境」

　小野は弥生中期の高地性集落の発生を，中国の史書に記述された「倭国の大乱」と結びつけてとらえ，学界に問題提起した。山尾はこの動乱の社会的背景には，2世紀後半に鉄製工具・技術の向上や銅鏡による太陽祭祀など，異質の文化複合を持つ朝鮮系の集団が日本海側から進出し，旧宗教の秩序が動揺したのが要因という。やがて，180 年代の前半にヤマト政権がツクシ政権を制圧し，楽浪郡と通じ，後半にヤマト政権の中で有力な部族首長のあいだで抗争がおき，それが近畿各地にひろがったという。

　安田は，河内平野の瓜生堂・巨摩廃寺などの遺跡で花粉分析をおこない，弥生中期末から後期初めは気候が寒冷になり，そのため集落は縮小し，ある集団は高地へ移動した。それと東アジア世界の政治的統一の崩壊が，高地性集落の発生要因としている。

　《邪馬台国以後》　椚国男「設計法からみた箸墓古墳築造の画期」，西川宏「古代山城の基礎的検討」，出宮徳尚「古代山城の機能性の検討」，千田稔「難波津補考」，山田安彦「平泉居館集落の位置選定理念について」

　この章では小野が問題とした高地性集落が，古墳・歴史時代にあっては高地性遺跡としての，山城が再検討されている。また考古地理に文献史料を使い，空間と環境面から観察するという試みがおこなわれ，興味ある内容となっている。

　《小野忠凞博士と考古地理学》　小野先生の「考古地理学とともに」は，学問の世界へ深入りしていく経過と，これまで研究テーマとしたもののエピソードが，みごとな筆力でつづられている。今後は風土と人間の歴史を感性でとらえ，表現したいという心情とあたたかな人間性がスケッチからもよみとれる。なお，先生の研究成果は著書『考古地理学』，『高地性集落論』に投影されている。（関　俊彦）

101

論文展望

選定委員（五十音順敬称略）
石野博信
岩崎卓也
坂詰秀一
永峯光一

麻柄一志

日本海沿岸地域における瀬戸内系石器群

旧石器考古学　28号
p. 19〜p. 35

後期旧石器時代においては石器群に地域性がみられ，剝片素材の石核から剝離された横長剝片を用いた安山岩製のナイフ形石器は，近畿・瀬戸内地方を中心に分布していることが知られている。こうした石器群は北陸地方を中心とした日本海沿岸地域でも発見例が増えており，従来瀬戸内系石器群と一括されていたこれらの石器群も，剝片剝離技術，ナイフ形石器の形態などで，類型化することが可能になった。

第1群は瀬戸内技法がほぼ純粋な形で存在する一群で，御淵上，越中山遺跡K地点がある。第2群はいわゆる交互剝離の一群で，剝片素材の石核の一端または両端から打面と剝離作業面を入れ替えながら横長剝片を剝離するものである。この群中には，整形加工が背面側から行なわれているものがあり，ナイフ形石器の一型式としてとらえられるかもしれない。仲町，直坂Ⅱ，安養寺，新造池遺跡からこうしたナイフ形石器が出土しており，分布が北信越地方に限られているようである。第3群は三国技法と呼ばれる瀬戸内技法と類似する工程を踏み，打点を左右に大きく移動させる点が大きな相違点となっている剝離技術である。三国技法の存在が確かめられているのは西下向遺跡のみである。

瀬戸内系石器群のうち，編年的位置づけの手懸りは交互剝離の一群に属する仲町，直坂Ⅱ，新造池遺跡から得られている。いずれも北陸地方のナイフ形石器の中では後出的なものと見なすことができる。第1群の瀬戸内技法の存在が確認できる石器群は，出土層位などからは編年的位置を類推することはできないが，同一系統に属する第2群と年代差が考えられる。第3群は西下向遺跡において AT 火山灰より上位に石器群がみられることから，一つの目安が与えられている。

（麻柄一志）

小野正文

土偶の製作法について

甲斐路　50号
p. 19〜p. 22

土偶の製作があらかじめ分割しやすいように，個々の粘土塊をつなぎ合わせて作ることは，武藤雄六氏や小林達雄氏によって述べられ，各地の研究者も報告書の中で同様な見解を述べている。

筆者は頭・腕・胴・臀・足といった部分塊を接合して，その上に化粧粘土を貼り，文様を施す製作法を「分割塊製作法」と呼ぶことにしている。中部高地の全身立像形土偶について，分割塊製作法の観察をすれば，縄文中期のいわゆる勝坂期と曾利期の土偶の形式と製作法と文様に大きな違いがあることに気づき，それを図解した。

勝坂期の分割塊製作法の一大特色は臀部を2個の粘土塊で作ることである。また左右の腕を1本の粘土塊で作るものも多いが，曾利期のもののように左右別個の粘土塊で作るものも藤内期から認められる。これに対して曾利期の土偶は臀部が小さくなる傾向に呼応して臀部のもりあがりに化粧粘土を貼り付けているのである。

さて，土偶にさまざまな形式があることは，それだけ土偶の意味が多様であったことを示している。そこで，割るべく作る分割塊製作法の意味は，藤森栄一氏のいうオオゲツヒメ殺しやウケモチノカミ殺しと土偶の破毀および吉田敦彦氏のいうハイヌウェレの殺害と土偶の破毀との酷似性に求められないだろうか。

分割塊製作法とその意味を考えれば，はからずも縄文農耕論に踏み込まざるを得ないようである。中部高地にはそれをあたかも裏づけるような，土偶・猪把手（猪飼養）・野性種のサトイモの自生といった資料が多いのである。仮に原始的な根栽型農耕が存在したとしても，それはおそらく考古学的証拠の乏しいものであったろうし農耕を生産基盤とするだけの生産段階にはなかったように思えてならない。

（小野正文）

岩永省三

銅鐸年代決定論

古文化談叢　13集
p. 73〜p. 102

銅鐸の製作開始の年代に関する諸説について，結論の如何でなく一定の結論に立ち至る論理の筋道そのものをトレースしていくと一つの事に気づく。つまり，弥生時代における九州・近畿両地方の政治的・文化的力関係といった別次元の問題に対し先験的に用意された結論・思惑に有利な証拠を拾い不利な証拠を切り捨て，一定の結論へと論を収斂させていくという恣意的操作が絶無ではないと。そこで，銅鐸の製作開始年代に関する様々な状況証拠をできる限り拾い集めれば，どの程度の事が言えるのか，その可能性の外縁を捉えるとともに，それ以上に限定的な結論を導き出している論について資料操作上の飛躍点の有無をチェックする。そのため，銅鐸の製作年代を決定する方法を大きく7つ

102

に整理したうえで，個々の方法の実践例を検討した。

ここでは，銅鐸に施された文様の祖型となる文様を施した器種が土器であるとみなす方法のうち，佐原真氏の説への検討例を紹介する。氏は，流水文銅鐸の「最古のもの」にみられる流水文が，土器において「中期初頭のみにみられたちまち消滅した」文様をとりいれて成立したものであるという。しかし，最古の銅鐸流水文を求める作業は循環論法に陥り失敗している。流水文銅鐸について，施された流水文の変化のあり方に対する先入観を捨て，文様以外の要素の純型式学的検討に基づいて「最古のもの」を求め，それらに施された流水文を列挙すれば，土器の櫛描き流水文のうち出現時期が畿内第III様式期まで下る可能性が大きいタイプと同じ型のものが含まれている。また，櫛描き横型流水文を2帯以上重ねることが，「挿入手法」によるものについては畿内第II様式期内で消滅することがかりに言えても，「連続手法」によるものについてはその限りではない。以上から，外縁付鈕式銅鐸の成立年代を畿内第II様式期に押し込める佐原氏の論には反論の余地ありと言える。　　　　（岩永省三）

　田中新史
出現期古墳の理解と展望
　―東国神門5号墳の
　　調査と関連して―
　古代　77号
　p. 1～p. 53

古墳の出現を弥生時代との関連で如何に理解するかという問題は今なお決着をみない，古墳時代研究の重要な争点の一つである。小文では古墳時代の5期区分法に従って，出現期の概念を明確にし，その共通理解の一助となることをも意図した。

東京湾東岸のほぼ中央に位置する養老川右岸の市原台地上の一画で10余年来古墳調査に従事する過程で，東国最古最大の突出部をもつ円丘墓（神門5号墳・4号墳）を調査する機会を得，定式化した前方後方墳・前方後円墳出現以前のものとしてこれらの一群をどう理解すべきか という問題に遭遇した。出土土器の編年を基礎として，一定地域内の古墳群の 構成 と 在り方の変遷に留意したうえで，墳形，剣・鉄鏃・ガラス玉・朱などの副葬品を東国を中心として分析した結果，出現期としての時期の理解は，畿内庄内式以前，すなわち第5様式亜式にほぼ併行する段階に比定でき，現状では大きく新古の2期区分で設定できることを明らかにした。とくに出現期古段階では，東国での傑出した円丘墓は未確認であるが，西国での吉備楯築「古墳」を含む吉備型壺・器台の出現も出現期古段階の汎列島規模での変化の中に位置づけて，東西の対応の差と理解した。出現期の上限はなお未確定で，弥生時代後期社会の再検討によっては，畿内第5様式およびそれ以前の変化と密接な関わりを示している。

出現期の設定では，墳形に関しては，傑出した円丘墓の出現と，通路を埋葬主体の正面におくBI型方墳の出現を，対応させて最も重視した。円丘墓が特定地域との結びつきを反映して地域では極めて限られた存在形態であるのに対し，BI型方墳は群を構成して広い分布をもつので出現の前段階の系譜から検討を加え，BI型からBIV型の類型の設定と，系統についての時期別の変遷観を示し，円丘墓の墳形の変化とも対応することを予測しておいた。（田中新史）

　金子裕之
平城京と葬地
　文化財学報（奈良大学）　3集
　p. 67～p. 103

平城京の葬地は，和田萃・岸俊男氏らによって，京域の北と東西の丘陵地帯にあり，このうち天皇陵のある北が重視され，東がこれに次ぐと指摘されている。私は，京域北の葬地が宮北側を挟んだ東西に分れること，この他に京南辺の稗田遺跡周辺の奈良時代河川敷にも葬地を推定する。京南辺の地は，平安京佐比（簀）河原の位置とほぼ一致し，この推定が正しいと，平安京の葬地は平城京の葬地を原型としたことになる。他方，平城京葬地の原型を先向する藤原京のそれに求めることは，重要とされる天皇陵の位置が，平城京と逆の南側にあることで，困難がある。これは 近年喧 伝されている「平城京の原型は藤原京」説に一石を投ずるものである。

唐代中国の両都の葬地は，長安では城の北を除く周囲に墳墓があり，貴族・有力官僚の墓は東から東南に集中した。また，洛陽では，城の北と南に墳墓が集中する。そして皇帝陵は長安の遙か北，関中盆地にあり，規模も巨大である。こうした葬地のあり方からみて，平城京の葬地は，長安の葬地をもとに日本の実情に応じた形に改めたのであろう。

このように結論づけた時，新たな問題が生じる。つまり，日本・中国ともに宮に接した北側が墳墓の空白地帯となっていることである。なぜか。長安城では北に禁苑があったためである。禁苑は天子の苑で，宮城の北に接する西内苑と大明宮を包括し，北は渭水に至る。平城京でも，宮の北に「松林苑」が発見され，墳墓の空白を説明できるようになった。

しかし，「松林苑」は位置からみて唐の西内苑にあたる可能性が強い。しかも河上邦彦氏の当初の復原案では，宮の東北に接する現水上池という重要な園池を含まない点などに問題がある。それ故，平城宮の北に，「松林苑」や水上池を包みこむ形で禁苑相当の施設があったと考える。その規模や形は平安宮の北に最近推定されている禁野に似た形を考えるべきかも知れない。　　　　（金子裕之）

文献解題

岡本桂典編

◆**瀧川政次郎先生米寿記念論文集 神道史論叢** 瀧川政次郎先生米寿記念論文集刊行会編 国書刊行会刊 1984年5月 A5判 1087頁
装飾古墳壁画の一解釈一楯と鞁と同心円文一………乙益重隆

◆**亀ヶ岡石器時代遺跡** 青森県立郷土館調査報告第17集 考古第6 青森県立郷土館刊 1984年3月 B5判 333頁
青森県木造町にある縄文晩期の著名な低湿地泥炭層遺跡。昭和55年から57年まで行なわれた沢根・近江沢・雷電宮地区の調査で，大洞BC式～A式の土器が主体的に検出されている。雷電地区では土坑墓26基が，また出土遺物として籃胎漆器・炭化米・モミガラなどが検出されている。

◆**安堵屋敷遺跡発掘調査報告書** 岩手県埋文センター文化財調査報告書第74集 岩手県埋蔵文化財センター刊 1984年1月 B5判 451頁
岩手県の中央部，石鳥谷町を流れる添市川の自然提防状の微高地に立地する遺跡。遺構は縄文晩期の住居跡2軒，埋設土器4，ピット5基，炉跡状遺構1基，遺物は包含層より土器・円盤状土製品・模造土製品・土偶・亀形土製品・石器など多数検出されている。

◆**富津市岩坂大台遺跡** 千葉県土木部・千葉県文化財センター刊 1984年3月 B5判 177頁
房総半島中部，東京湾に注ぐ湊川の低地部の丘陵頂部に位置する。先土器時代の礫群2基，弥生時代後期後半の住居跡15軒，土坑2基，古墳1基，火葬墓8基が検出されている。火葬墓は1基が8世紀後半の甕を用いたもので，他は石櫃使用の7基である。出土遺物は，これら遺構に伴う石器・土器・紡錘車・土製勾玉・鉄鏃・若干の縄文土器片である。

◆**大本山相国寺境内の発掘調査 承天閣地点の埋蔵文化財** 大本山相国寺承天閣美術館刊 1984年3月 B5判 245頁
足利義満の開創として知られる京都市上京区今出川通烏丸にある臨済宗の大本山，同境内の調査報告。文献上で知られる天明8年，天文20年，応仁元年，応永33年と推定される火災後の整地層とこれらに伴う遺構が検出されている。また以前に改葬された，西笑承兌の墓坑と考えられる遺構も検出されている。出土遺物は緑釉陶器・青磁・白磁などのほか瓦・土師質土器などがある。

◆**光勝院寺内遺跡一鳴門市大麻町萩原所在一** 徳島県教育委員会刊 1984年3月 B5判 240頁
徳島県の西北端，鳴門市を流れる旧吉野川の左岸の山麓裾に立地する遺跡 A・B・C 地区の調査報告。弥生時代中期の竪穴式住居跡2軒，建物跡2棟，小溝8，流路2，土坑170基などのほか，多数の土器・石器・投弾・紡錘車・鉄器などが検出されている。

◆**山田堰** 物部川水利史 高知県土佐山田町刊 1984年3月 A5判 344頁
江戸初期の儒者として有名な野中兼山により構築された山田堰の総合調査報告。兼山の時代の完全な遺構は検出されなかったが，間接的には同時代の堰の構築の方法を知る資料を呈示している。ほかに山田堰の構造・山田堰以前・近世の山田堰・明治以後の山田堰など近世史，民俗関係の論攷も載せる。堰の考古学的調査としては全国でも最初のものであろう。

◆**西部瀬戸内における弥生文化の研究** 山口大学人文学部考古学研究室研究報告第3集 山口大学人文学部考古学研究室刊 1984年3月 B5判 169頁
山口県下関市伊倉遺跡と熊毛郡松尾遺跡の発掘報告。前者は響灘にそそぐ綾羅木川左岸の低丘陵に立地し，対岸に綾羅木郷遺跡が位置する。遺構は袋状竪穴・土壙が13基で，遺物は弥生前期より中期初頭の土器が出土し，中世の遺構・遺物も若干検出されている。後者は瀬戸内海に突出する室津半島のつけ根，平生町の低丘陵に位置する遺跡である。遺構は竪穴住居跡3軒，遺物は弥生後期から終末期の土器・鉄鏃・石器・ガラス小玉である。他に防府市大崎遺跡の採集資料と3篇の論文を載せる。

◆**御堂遺跡** 北九州市埋蔵文化財調査報告書第25集 北九州市教育文化事業団埋蔵文化財調査室刊 1984年1月 B5判 47頁
福岡県の北端部，周防灘に面する北九州市門司区畑地区の西端斜面に立地する遺跡である。中世後半から近世中頃にかけての積石をもつ10基の墓坑，積石をもたない4基の墓坑が検出されており，火葬墓から土葬墓への埋葬形体の変遷を知る資料を呈示している。

◆**籾** 第5号 弥生時代研究会 1984年4月 B5判 48頁
宮城県岩出山町一本松遺跡採集の遺物………遠藤智一・佐藤信行・太田昭夫
岩出山町一本松遺跡出土土器片に検出される稲穎果皮痕など………佐藤敏也
宮城県北部「蕪栗沼」周辺の弥生式遺跡について………興野義一
福島県原町市桜井遺跡採集の弥生土器………相沢清利・井口祐二

◆**唐沢考古** 第4号 唐沢考古会 1984年4月 B5判 32頁
神奈川県横須賀市平坂東貝塚一縄文時代早期撚糸文系土器群を出土せる鹹水性貝塚の一様相一………領塚正浩
旧石器時代に於ける礫群出現の意義と茂呂系文化への導入に関するノート………出居博
佐野市北の山遺跡採集の石製模造品………細谷正策・青村光夫
掘米遺跡の土器について一栃木県の吉ヶ谷・赤井戸系土器

…………………………矢島俊雄
◆婆良岐考古　第6号　婆良岐考古同人会　1984年4月　B5判　112頁
浮島縣に於ける集落形態とその構造一特に石岡市外山遺跡を中心に一……川崎純徳
古代史断章（四）常陸駅路考
…………………………伊東重敏
茨城県内における縄文中期前半の土器様相（2）………海老沢　稔
鹿島郡鉾田町浦房地遺跡調査報告
………海老沢稔・松本裕治
川又清明・横倉要次
小川町境遺跡採集の縄文式・弥生式土器………川又清明
北茨坂市小野遺跡採集の縄文式土器………横倉要次
岩瀬町花園遺跡出土弥生式土器
…………………………川又清明
常陸国分尼寺跡について一溝跡を中心に一…………………堀越　徹
八郷町瓦塚瓦窯跡について
…………………………黒沢彰哉

◆土曜考古　第8号　土曜考古学研究会　1984年4月　B5判　92頁
撚糸文系土器との対話…笠原信男
続・撚糸文期の竪穴住居跡
…………………………原田昌幸
住居・墓・アトリエ・デポ一土肥孝氏の指摘に対して…田中英司
新開遺跡出土の土師器甕形土器
…………………………望月精司

◆史館　第16号　史館同人　1984年4月　A5判　135頁
ハマグリからみた生業の季節性
…………………………堀越正行
区画墓・土壙墓(中)一北海道美沢川流域の遺跡群の例一
…………………………欠吹俊男
荒海式土器の再検討（二）
…………………………青木幸一
甕形土器の変遷(上)一関東地方の弥生時代初頭を中心に一
…………………………葛西　功
岩尾遺跡出土資料の編年的位置と特色………………石川日出志
柴山出村式土器の再検討
…………………………久田正弘
久ヶ原式と弥生町式一南関東地方における弥生時代後期の諸様相（予報）……大村　直・菊地健一

下総国分二寺軒瓦小考（3）一創建期軒瓦の祖型一……佐々木和博
千葉県市原市石川窯址における表面採集の須恵器
………佐久間豊・井口　崇
◆貝塚　33　物質文化研究会　1984年5月　B5判　20頁
東京美術学校と考古学…杉山荘平
「炉穴」研究ノート……佐藤明生
◆神奈川考古　第19号　神奈川考古同人会　1984年4月　B5判　246頁
武蔵野・相模野両台地における旧石器時代の礫群の研究
…………………………金山喜昭
中部・関東地方における勝坂・阿玉台式土器成立期の様相
…………………………小林謙一
縄文時代における埋甕についての一試論一事例分析を中心に一
…………………………金子義樹
厚木市上依知1号墳出土の毛抜き形鉄器について………宍戸信悟
相模国の奈良・平安時代の集落構造(下)……………國平健三
中世都市鎌倉における出土かわらけの編年的位置づけについて
…………………………服部実喜
朝鮮三国時代古墳出土の所謂"太鐶式耳飾に就いて"…藤井和夫
西富士塚遺跡出土の弥生式土器と周辺の遺跡について…岡本孝之
カマドを有する住居址を中心とした遺物の出土状態について
…………………………桐生直彦

◆信濃　第36巻第4号　信濃史学会　1984年4月　A5判　111頁
尖頭器研究のための序論
…………………………高見俊樹
中部地方出土の北白川下層式・同系土器群について……市村勝巳
縄文の玉斧………………長崎元廣
長野市飯綱社古墳の出土遺物
………桐原　健・松尾昌彦
長野県東筑摩郡明科町龍門淵遺跡出土の紡錘車形石製品
…………………………三好博喜
恒川遺跡の古式土師器一山下誠一
古代における炉とカマド一北武蔵での検討を中心として一
…………………………駒見和夫
◆長野県考古学会誌　第48号　長

野県考古学会　1984年5月　B5判　77頁
杉原荘介氏追悼号
阿島式土器の形成………杉原荘介
中部地方における前期末葉土器と鍋屋町式土器…………山口　明
箱清水式土器の編年予察
…………………………青木和明
長野県岡谷市下り林遺跡の早期縄文土器…………………長崎元廣
小諸市久保田遺跡出土の元屋敷式土器…………………花岡　弘
◆甲斐考古　12の1　山梨県考古学会　1984年4月　B5判　36頁
縄文時代晩期の土器出土一山梨県・上野原町・用竹（殿村）遺跡
………長谷川孟・奥山和久
前期弥生遺物と伴出の大陸系と考えられる異質土器について一南都留郡河口湖町ウノシマ遺跡の場合………………山本寿々雄
「延喜式」に見える水市駅へのアプローチ…………山本寿々雄
甲斐国分寺をめぐる一視点
…………………………佐野勝広
板状立閣素環鏡板付轡…坂本美夫
◆甲斐路　第50号　山梨郷土研究会　1984年4月　A5判　84頁
土偶の製作法について…小野正文
◆古代人　第43号　名古屋考古学会　1984年4月　B5判　60頁
前期旧石器の認定と体系について一学史の視角からの検討一
…………………………紅村　弘
八事裏山1号窯第三次発掘調査報告……………………名古屋考古学会裏山1号窯調査団
東山古窯址群内における山茶碗窯（Ⅱ）……………荒木　実
◆古代文化　第36巻第4号　古代学協会　1984年4月　B5判　52頁
魏・晋墓出土の陶俑について（上）
…………………………長谷川道隆
黒色土師器の供献具一東北地方における平安時代土師器生産の一断面………………伊藤博幸
◆古代文化　第36巻第5号　1984年5月　B5判　46頁
魏・晋墓出土の陶俑について（下）
…………………………長谷川道隆
銅鐸形土製品試考（上）

…………………神尾恵一
◆古代文化　第36巻第6号　1984年6月　B5判　48頁
濃尾平野および西三河平野周辺における貝塚遺跡の立地について
…………………北野信彦
サハリンにおける先土器文化複合と人間移住…B.A.ゴールドベフ
◆古代学研究　第103号　古代学研究会　1984年4月　B5判　42頁
特集・各地域における最後の前方後円墳（西日本　II）
広島県…………………脇坂光彦
島根県一出雲地方一
…………曳野律雄・内田律雄ほか
鳥取県…………………野田久男
岡山県北部一美作地方一
…………………岡田　博
岡山県南部…………………藤田　憲司
愛媛県…………………正岡睦夫
高知県一土佐山田町大塚古墳
…………………廣田典夫
徳島県…………………菅原康夫
香川県…………………真鍋昌宏
◆古代学研究　第104号　古代学研究会　1984年6月　B5判　56頁
特集・各地域における最後の前方後円墳（西日本　III）
兵庫県北部一丹波・但馬地方一
…………………瀬戸谷晧
兵庫県西南部一播磨地方一
…………………櫃本誠一
兵庫県東部一西摂地方一
………森岡秀人・藤田和尊
大阪府西部一和泉地方一
…………………田中英夫
大阪府東部一河内地方一
…………………一瀬和夫
奈良県東部…………………河上邦彦
奈良県西部…………………菅谷文則
京都府北部一丹後・丹波地方一
…………………杉原和雄
京都府南部…………………奥村清一郎
滋賀県…………………兼康保明
和歌山県…………………大野嶺夫
◆旧石器考古学　28　旧石器文化談話会　1984年4月　B5判　130頁
明石人骨の思い出………直良博人
金関先生と明石人骨……春成秀爾

福井県三国町西下向遺跡の横剥ぎ技法一主要石器類の定性分析を中心に一…………………平口哲夫
松井政信・樫田　誠
日本海沿岸地域における瀬戸内系石器群…………………麻柄一志
青山新地池西方遺跡の発見・破壊…………………高山正久
郡家今城遺跡C地点と今池遺跡の翼状剥片一多属性の分析による比較一…………………森本　晋
森本論文に対する論評…山中一郎
埼玉県北西部の旧石器…増田一裕
播磨福本遺跡の石器
…………増田重信・春成秀爾
第7回近畿旧石器交流会
…………………松藤和人
筑波山東麓地採集の旧石器（1）
…………………喜多圭介
岐阜県岩滝古宮遺跡のナイフ形石器…………………宮崎憲二
河田俊也・有本雅己
和歌山県平地遺跡採集のナイフ形石器…………………塚田良道
韓国全谷里遺跡（上）一『韓国旧石器文化研究』邦訳
…鄭　永和・大竹弘之　訳
韓国旧石器遺跡訪問報告
…………………J.D.クラーク
鋤柄俊夫　訳
◆古代を考える　第36号　古代を考える会　1984年4月　B5判　111頁
特集・古代鉄生産の検討
冶金学的見地からみた古代製鉄
…………………大澤正己
製鉄遺跡からみた鉄生産
…………………穴澤義功
日本古代の鉄………原島礼二
◆古代を考える　第37号　1984年5月　B5判　70頁
特集・沖之島祭祀遺跡の検討
沖之島の調査と成果……佐田　茂
古代国家と宗像の神……岡田精司
◆考古学研究　第31巻第1号　考古学研究会　1984年6月　A5判　128頁
大和の前方後円墳と体積
…………………石川　昇
古代末期紀伊国の土器様相一土師器食器類を中心として一在地様式的土器の成立と展開

…………………武内雅人
南関東のフェイズII後半石器群の分析一多変量解析を用いて一
…………………萩原博文
北海道縄文中期集落における世帯の動態…………………瀬川拓郎
もっとも古い鉄鋌を出す古新羅古墳の年代…………………村上英之助
ベトナム考古学史
………チャン・クォック・ブオン
菊地誠一　訳
◆倉敷考古館研究集報　第18号　倉敷考古館　1984年4月　B5判　85頁
倉敷市城が端遺跡（古墳時代製塩遺跡・中世貝塚・中世火葬墓・近世土葬墓）…………………間壁葭子
〔付〕船元貝塚の資料
………藤田憲司・間壁忠彦
備前焼研究ノート（4）（その後の新資料）
…………間壁忠彦・間壁葭子
倉敷市玉島地区とその周辺の新発見縄文時代資料
…………藤田憲司・中山顆夫
◆瀬戸内海歴史民俗資料館紀要
第1号　瀬戸内海歴史民俗資料館　1984年3月　B5判　200頁
香川県古代窯業遺跡分布調査報告　I（旧刈田郡・旧三野郡）
付載　香川県内窯跡出土須恵器の胎土分析
四国地方古代窯業遺跡地名表
◆古文化談叢　第13集　九州古文化研究会　1984年4月　B5判　234頁
押型文土器にみられる様相の変化について…………………松永幸男
南京遺跡出土の米と日本農耕文化の起源…………………ソン・スンタク
千田剛道　訳
流水文銅鐸の系譜………竹内尚武
銅鐸年代決定論…………岩永省三
弥生時代円環型銅釧考一日韓交渉資料の一研究…………小田富士雄
金海地内洞甕棺墓…………沈　奉謹
藤田建二　訳
北九州市・曾根平野の古墳一前方後円墳を中心に一…………宇野慎敏
百済古墳の系譜………小田富士雄
栄山江流域の甕棺墓研究
…成　洛俊・武末純一　訳

学界動向

「季刊 考古学」編集部編

─────沖縄・九州地方

奄美系土器が大量出土　日本道路公団の南伸道建設に伴って沖縄県教育委員会が発掘調査を進めている石川市伊波の古我地原貝塚で奄美系の土器が大量に発見され注目されている。遺跡は伊波部落北側の石灰岩台地上で，崖の上に居住地，崖下斜面に貝塚が形成されており，縄文時代後期に比定されている。出土した土器は面縄前庭式，面縄東洞式，嘉徳Ⅰ式，同Ⅱ式など，奄美に多くみられるものばかりで，沖縄的な土器である伊波式土器はほとんど見当らなかった。沖縄の中の奄美系文化というより，古代沖縄人が奄美系文化をも担っていた可能性が考えられている。このほかイノシシやジュゴンの骨を使った装身具も出土した。

典型的な肥後型横穴式石室　熊本県宇土郡三角町教育委員会と熊本大学考古学研究室は，同町波多の陣の内古墳で発掘調査を進めていたが，先ごろ終了した。同古墳は三角港を見下す海抜50mの雑木林の中にある。直径約18mの円墳で，墳丘の中央部は早い時期に崩壊しており，遺物はほとんど失われていたが，典型的な肥後型横穴式石室を有し，築造時期は5世紀中葉前後と推定され，県内でも最古に属する横穴式石室であることがわかった。玄室は奥行 2.3m，幅2.15mとほぼ正方形で，砂岩の板石で3区に仕切られており，両端の屍床まで床石を使っている。南西側に開口しており，礫床の羨道もほぼ完形のまま発見された。

奈良時代の密教法具　福岡県久留米市東合川町のヘボノ木遺跡で奈良時代中頃に使用されたとみられる密教法具の一種，火舎（かじゃ）か，ほぼ完形のまま発見された。久留米市教育委員会による発掘の結果出土したもので，土師製の火舎は口径約19cm，高さ10cmの本体に 脚を付けた 形。外面に「大家」の文字や密教独特の儀式，結界を意味する「傾（けい）」という文字が行書体で書かれている。同遺跡は筑後国府跡推定地に隣接しており，一帯は御井郡衙跡とみられる。これまでにも三鈷杵を置いたとみられる台などが出土していたが，火舎は長さ 10m，幅約 1mの細長い土壙内から鉄鉢や土師坏などとともにみつかったもので今回のような高坏型のものは例がない。また墨書入りも初めてで，空海以前の雑部密教の存在を示す貴重な遺物とみられる。

─────中国地方

旧石器時代の生活跡　宇部市西岐波山村の長桝遺跡で山口県旧石器文化研究会（山本一朗代表）による発掘調査が行なわれ，深さ35〜40cm の旧石器時代後期後半の地層から火を燃した跡とみられる赤色化した土を発見した。同遺跡は縄文時代早期と旧石器時代後期の複合遺跡で，今回の調査でも早期の地層から石囲み炉跡や土壙，押型文土器片，石鏃，細石刃など多くの遺構・遺物が検出された。問題の焼土面は縄文時代早期の遺構群の下位で発見したもので，旧石器時代の生活面である可能性が強い。調査は2回目であるが，毎年継続される予定である。

弥生前期の水田跡　岡山県教育委員会が発掘を進めている岡山市原尾島の百間川遺跡で，弥生時代前期の水田跡が広範囲にわたって発見された。この水田面は幅20m，長さ60mの範囲でみつかり，幅40cm，高さ 2〜3cm の畦畔で区画された1枚の水田の面積は 50m² から大きいもので260m² ある。百間川遺跡では弥生時代中期，後期の水田跡もみつかっているが，今回発見のものよりやや小さい。これまで弥生前期の 木製鋤や石包丁，用水路と考えられる溝跡などのほか，縄文時代晩期の大型打製石鍬や石包丁状削器も発見されており，縄文晩期の水田跡がみつかる可能性もある。

蒜山原の第5次調査　岡山理科大学が進めている岡山県北蒜山原の第5次発掘調査で，良好な層位に恵まれてサヌカイト製のナイフ形石器 を含む 石器群 が 検出された。今回調査されたのは真庭郡八束村上長田，下長田の 2地点と，同郡中和村別所の1地点。とくに中和村のフコウ原遺跡では10層に重なる地層のうち，黒色帯と火山砂の間にはさまった火山灰層（第7層）から数点のナイフ形石器，エンドスクレイパー数点，フレイク，チップなど 730 点余が出土した。年代は，今から約1万7千年〜1万8千年前後と考えられる。石材はサヌカイトがほとんど。ナイフ形石器の良好なものは長さ 3〜4cm，幅 2cm ほどあり，いずれも横長剥片で，国府型ナイフとは異なった滑らかな加工が観察される。

英田郡衙跡を発掘　岡山県教育委員会が発掘調査を進めていた英田郡作東町の高本遺跡第2次調査で，奈良時代の掘立柱建物跡（2間×5間）7棟分と倉庫跡5棟分が発見され，英田郡衙に関連した遺跡と推定されている。建物跡は一辺が80cm 前後の正方形の大型柱穴をもつものもあり，正殿の付属建物とみられる。いずれも東西と南北方向に整然と並んでいた。また倉庫は2間×2間，2間×3間などの規模。同地は『和名抄』の英田郡閣武（えみ）郷に比定されるところで，約200m 離れたところには閣武廃寺跡が確認されているほか，中国自動車道建設に伴う発掘調査で「郡」銘墨書須恵器

学界動向

や陶硯などが出土するなど官衙的な色彩が強く，遺跡の中心地ははっきりしないものの，英田郡衙の遺跡に間違いないとみられている。

横穴出土の人骨に布片　島根県仁多郡仁多町鴨倉の農道工事現場で古墳時代末期と推定される横穴5基がみつかり，仁多町教育委員会が発掘調査を行なった。その結果，うち1基から人骨1体分がみつかった。横穴は羨道の長さ 1.5 m で，玄室は幅1.2m，長さ2.1 m，床の幅を極端に狭くし，天井の峰の角度を急にしてある三角テント形。玄室入口右側に大腿骨や頭蓋骨などが集骨されており，さらにその上に織目の認められる布片が三重に覆った状態で点々と付着しているのが確認された。人骨は目下鑑定中であるが熟年女性のようであり，集骨されていることなどから，二次埋葬の可能性が強い。また布片についても鑑定依頼の予定である。

石棺を納めた竪穴式石室　鳥取市教育委員会が発掘調査を進めている市内津ノ井ニュータウン建設予定地内の生山古墳群の中から5世紀前半とみられる箱式石棺を納めた竪穴式石室が発見された。この古墳は一辺約20cm の生山29号墳で，墳形は円墳か方墳か調査中。石室（内法）は長さ約 2.5 m，幅約0.8m の竪穴式で，この中に長さ約2 m，幅約0.6m の組合型石棺が納められていた。盗掘された形跡のない石棺からは頭や歯を朱で染めた人骨1体分（30〜40歳代の男性）と土師器壺の転用枕，鉄刀1振，勾玉，管玉が，また棺外から長方形の透しのある長さ約15 cm の筒形銅器や碧玉製紡錘車形石製品，刀子，鉄鏃，鉄槍などが発見された。さらにこの古墳の周囲には木棺直葬，組合型箱式石棺，埴輪棺と，近接して4種類の埋葬施設を持つ古墳が認められた。いずれも5世紀初め頃から中頃にかけての築造とみられる。

─────────近畿地方

墳丘墓から小形仿製鏡　現在8基以上の古墳が確認されている兵庫県揖保郡揖保川町半田の半田山古墳群で墳丘墓（1号墳）が発掘された。標高65mの半田山東南部の尾根頂上にあり，楕円形で長径16mの規模。弥生時代末から古墳時代初頭の短い間に6基以上の埋葬施設が認められ，最初に埋葬された木棺にはベンガラが塗られており，長さ30cmの鉄剣が副葬されていた。上層の木棺のために動かされてはいるが，棺上遺物として小型仿製鏡と銅鏃が出土している。鏡は径 5.2cm で，櫛歯文が傾斜しているなど古い様相を示している。

古墳時代の金箔木棺？　豊岡市教育委員会が発掘調査を進めていた兵庫県城崎郡城崎町上山のケゴヤ古墳（6世紀後半〜7世紀の円墳）から金箔片約400点が出土，木棺に付着していた可能性が大きいとみられている。同墳は横穴式石室で南南西に開口しており，玄室は幅 1.6〜2.35 m，奥行き 5.45 m，羨道は2.85m以上ある。金箔片は玄室の床面ほぼ全体より出土し，最も大きいもので長さ2 cm，幅1 cm，厚さ 0.2 mm で，漆の上に金箔を張りつけていた。一次埋葬の床面の上 5〜10cm の暗黄色土層より認められ，また二重になった敷石の上の石の底面に密着して認められた。少なくとも追葬時の敷石以前に金箔を使用した何らかの副葬品もしくは棺などがあったことを示している。古墳は盗掘されているが，須恵器，土師器，鉄製品，勾玉・管玉・ガラス小玉・土玉などの玉類，馬具，鉄釘，カスガイ，米粒状土製品などが副葬されていた。付近にきわだった平野などもないことから，円山川あるいは日本海を介在として栄えた有力者の古墳であろうと考えられる。

方形周溝墓25基発見　大阪府教育委員会と大阪文化財センターが近畿自動車道天理一吹田線の建設に伴って発掘調査を進めている大阪市平野区長吉出戸の城山遺跡で弥生時代中期の方形周溝墓9基が新たにみつかった。同遺跡ではすでに16基の方形周溝墓がみつかっているほか，隣接する亀井遺跡（八尾市南亀井町）でも同時期のものが10基発見されていることから，南北600mの範囲に多くの方形周溝墓が密集した地域であることがわかった。今回発掘された遺構は一辺10m前後で，高さ2m ものマウンドをもつものも含まれている。周溝からは壺，カメ，高坏など多数と，盛土部から幼児用カメ棺8基を発掘した。

古墳時代の木製品多数　奈良県立橿原考古学研究所が調査を行なっている宇陀郡榛原町上井足の谷遺跡で，幅7m，深さ2mほどの古墳時代中期の川跡から木製品が大量に出土した。この中には木臼や杵，梯子，井戸枠，建築用材らしい角材など約300点が含まれており，中でも木臼と杵は原形近く残っていた。臼は縦に割れた片方で高さ58cm，上部の直径 50cm，杵は長さ88cm で，両方とも樫製らしい。さらに散乱した状態で，長さ 5〜50cm，1〜2cm 角の鋭利な刃物で削り取ったような削りくず数百点が発見された。また大きな板材や 20cm 角の柱材などもあるが，護岸に使われた板材でも真中に穴があいているなど，二次的な使用が推定された。周辺からは古墳時代前期から中期にかけての竪穴住居跡6軒も発見されている。

周濠をもつ高地性集落　京都府中郡峰山町教育委員会は，町内杉谷の扇谷遺跡を発掘調査していたが，一部でみつかっていた外濠が馬蹄形に内濠を取り巻いていることがわかった。同遺跡は標高50ｍの丘陵上に円形プランの住居跡があり，これを取り巻く延長約850ｍの周濠に，さらに10ｍほど離れて夕濠がある二重構造のもの。弥生時代前期末から中期初頭にかけての，高地性集落としては珍しく大規模な遺跡である。また鍛冶滓やガラス原料塊（珪砂，アルミナ，酸化銅などを含む）が出土していることからみて，熱管理ができる技術が存在していたと推定される。

物集女車塚から机状石材　向日市教育委員会が発掘調査を進めていた市内物集女町南条の物集女車塚古墳から家形石棺のほかに同じ二上山産凝灰岩製の板状石材12枚が発見された。石材のうち，2枚（45cm×90cm）に長さ22cmほどの枘穴が2カ所ずつあったことから組み立てると机の形をしたものが2値完成した。これは祭壇用かあるいはもう1枚の蓋状の石を組合せて副葬品の収納に容器として使ったのではないかとみられる。羨道の入口付近と中央付近の2カ所に閉塞石が積まれていた。羨道の途中には段差があり，玄室までの間で40〜50cmほど低くなっていた。また羨道の天井が外へ向かって徐々に上がっているなど構造的にも注目された。なお，羨道の埋設状況から3回以上の追葬が認められた。さらに副葬品として金銅張りの馬具片，ガラス玉，須恵器，土師器など約300点が出土し6世紀前半の古墳であることがわかった。

湖底から縄文晩期の甕棺　滋賀県教育委員会が発掘調査を進めていた草津市の志那湖底遺跡で，縄文時代晩期初頭の甕棺3基が発見された。現場は葉山川河口から西へ約400ｍ沖合で，湖底の表面1〜2cmがヘドロ，その下10cmは陶器片や弥生土器片，その下20cmほどは無遺物層（粘土），さらにその下5cmほどの腐食層から6世紀代の須恵器，この下の砂地層から甕棺が出土した。いずれも滋賀里式に含まれるもので，58年に近くの前浜地区の試掘調査でも同時期の深鉢片が出土している。甕棺は流されたものではないことから，縄文時代晩期には陸地であったことがわかった。琵琶湖では彦根市の沖約6.5kmにある多景島南側の湖底でも最近，弥生時代中期から平安時代へかけての土器片1万点，勾玉などが発見されている。

窯跡から鴟尾　三重県一志郡嬉野町教育委員会が発掘調査を進めていた町内釜生田の辻垣内瓦窯跡から鴟尾2点が発見された。同窯跡には5基の窯があり，鴟尾が出土したのは第2号窯跡。長さ6.5ｍ，傾斜の高低差3ｍの穴窯に2点の鴟尾が残されていた。1点は15〜16片に割れていたが，もう1点は高さ60cmの腹部や鰭の部分がそのまま残って直立していた。2点ともほぼ完形に復元できるとみられ，高さ1.5ｍくらいになると推定される。焚口部に残っていた軒平瓦が同町天花寺の天花寺廃寺（奈良時代前期）と同様式のため，今日発見されたものは同寺の棟に取りつけるために作られたものらしい。鴟尾の製造過程を知るのに貴重な材料になるものとみられる。

────────────── 中部地方

7世紀の土器に文字　石川県立埋蔵文化財センターが発掘調査を行なっている小松市の那谷金比羅山窯跡群で文字を篦書きした平瓶が発見された。文字は頸の部分の外側に6行に分けて書き込まれたもので，次のようだった。

|与| 野評 |□□□□|
〔須カ〕
　　□□□□
　　□□□□
　　□□□□
　阿 |波| 田有
〔佐カ〕
　□ 羅女

この平瓶は形状からみて7世紀中頃のものと推定される。文字の中でとくに注目されるのは「評」の文字で，大化改新以後に成立したとされる「国一評制度」が7世紀半ば頃にすでにこの地方で実施されていた可能性を示すもの。また「与野」は古くから県南部を指した「江沼」（えぬ）との関連が考えられる。

────────────── 関東地方

縄文の大規模な配石遺構　常磐自動車道建設に伴って茨城県教育財団が発掘調査を進めている高萩市上手綱の小場遺跡で，縄文時代中期から晩期前半へかけての配石遺構が発見された。配石遺構は約6,000m²ある同遺跡調査対象地域のうちA地区と呼称されている北側地域，約3,600m²のほぼ全域からみつかっているが，南群と北群にわけられ，それぞれ17基と4基の配石遺構が集まっている。遺構はほかに住居跡3軒，土壙50基，溝1条，遺物として土偶12点や台付異形土器，赤彩された蓋型土製品，石剣4点，石棒6点などのほか，多量の縄文土器片，石器と獣骨や堅果類（クルミ，ドングリ）の炭化物が発見された。県内の配石遺構はこれまで勝田市津田天神山遺跡などが報告されているが，これほど大規模なものは例がない。

熊野神社古墳は4世紀後半　埼玉県史編さん室が埼玉古式古墳研究会（柳田敏司会長）に委託して

109

学界動向

進めていた桶川市川田谷の熊野神社古墳で底部穿孔土器が発見され築造年代は4世紀後半であることがわかった。同古墳は昭和3年の発掘で勾玉や管玉，玉杖，釧，筒形銅器，巴形石製品，紡錘車形石製品などが発見された円墳で，墳丘裾部から周溝部にかけて幅2m，長さ13mのトレンチ9本を掘った結果，底部穿孔土器の破片2点を発見した。これは土器編年でいう五領式に相当する。そのほか広い口縁をもつ壺型土器や赤彩土器が各トレンチから多数出土した。

格子目叩きの埴輪 埼玉県史編さん室の委託をうけた埼玉古式古墳研究会が発掘調査を行なっている児玉郡児玉町入浅見の金鑚神社古墳で格子目の叩きをもつ埴輪が発見された。同古墳は直径65mの円墳で，5世紀中頃の築造と考えられている。埴輪は7個体出土したが，その中に須恵器の技法で作られた格子目模様のある埴輪が2個体みつかった。また墳丘全面に通し目積みによる葺石が敷かれており，円筒埴輪列が2段巡っていたほか，幅15mの周堀もめぐらされていた。

局部磨製石斧など43点出土 埼玉県入間郡三芳町教育委員会が発掘調査を行なった同町藤久保の藤久保東第二遺跡で旧石器43点が発見された。遺跡は武蔵野台地上にあり，江川に面した北側斜面。表土下は耕作によって攪乱が激しく上部のローム層はすでになく，第2黒色帯（7〜9層）以下の堆積のみみられた。旧石器が出土したのは9層と10層からで，内訳はハンマーストーン1点，ナイフ形石器5点，局部磨製石斧1点，原石2点，石核3点，剝片13点などで焚き火跡とみられる炭化物群もみつかった。石器群は10層を中心に分布しており，約2万6千年から2万7千年前と考えられている。

天神山古墳から円筒埴輪 5世紀後半に築造されたと推定されている国史跡・天神山古墳（太田市内ヶ島）の後円部西にあたる住宅改築現場で埴輪がみつかったことから，太田市教育委員会が調査を行なった。現場は同古墳の中堤帯にあたるところで，円筒埴輪片4本がみつかった。破片から推定して高さ60cm，直径35cmほどのものとみられ，中堤帯に円筒埴輪列がめぐらされていたことが実証された。

──────────東北地方

高さ41.4cmの土偶 仙台市地下鉄の建設工事に伴って仙台市教育委員会が発掘調査を進めていた市内富沢4丁目の伊古田遺跡から高さ41.4cmという大型の土偶が発見された。この土偶は北海道著保内野遺跡出土例の41.5cmに匹敵する大きなもので，横に張った肩と腕，ガニまたの短い足で全体にほっそりした感じ。とくに座高は33.5cmと異常に高い。縄文時代後期中葉の遺物包含層から発見された。このほか，高さ22.9cmの結髪の状態を示すと思われる土偶など10体以上，土器・石器など約3,000点が出土した。

台形石器が30数点 秋田県教育委員会と秋田県埋蔵文化財センターが河辺郡河辺町松淵の風無台II遺跡を発掘調査した結果，台形石器が大量に発見された。現場は標高約40mの台地上にあり，河岸段丘となっている。台地一帯が七曲工業団地として造成されることになったため発掘が行なわれた結果旧石器時代の石片約5,000点と縄文時代晩期，弥生時代の遺構・遺物，土壙などが百数十点発見された。中でも石片の中には台形石器が30点以上含まれ注目された。大きさは長さ3.5cm，幅2cmほどで，横長剝片の石器が東日本で発見されたのは珍しい。

縄文〜中世の複合遺跡 能代市教育委員会が行なっていた同市向能代字平影野の金山遺跡の59年度調査が先ごろ終了し，縄文時代から中世にかけての複合遺跡であることがわかった。同市では秋田県教育委員会文化課の指導をえて7月から9月まで発掘を行なった結果，縄文時代晩期の土器片，石錘，石匙，弥生土器片，平安時代の竪穴住居跡，鉄製紡錘車，羽口，土師器，須恵器，中世の空濠跡，陶磁器，渡来銭，鉄製刀子などがみつかった。空濠跡は西側の斜面に四重にめぐらされているほか，北側に1条配置されており，性格などは不明ながら館跡であることがわかった。

大湯ストーンサークルの発掘 鹿角市教育委員会が発掘調査を進めている大湯環状列石周辺遺跡において配石遺構が新たに10基確認されたほか，縄文時代後期の土器片300点，石器片40点がみつかった。今回の調査では野中堂と万座の両遺跡から300mほど北東の畑を対象に行なった結果，配石遺構の形をなす石群を9ヵ所確認した。配石遺構の分布状況からみて全体的には直径70〜90mの環状になるものとみられるが，発掘面積が小さく推定の域を出ない。なお3基の配石下の調査を行なったがいずれからも長軸径1.2〜1.5m，深さ40〜70cm規模の土（墓）壙が検出された。壙内の土の脂肪酸分析を帯広畜産大学に委託，墓壙の認定を行なうことになっている。

直立した石棒を伴う配石 青森市月見野の玉清水遺跡で青森縄文文化を探る会（小杉嘉四蔵会長）と早稲田大学考古学研究室による発掘調査が行なわれ，直立した石棒を配した配石遺構が発見された。遺構は大小100個余りの石からなっているが，この中に長さ30

cmほどの石棒7点が含まれており，うち3点は直立していた。また近くには石皿が意図的に配されていた。調査範囲が限られているため，これだけで完結した遺構なのか，それとも環状または直線的に延びるものかは不明である。

──────────北海道地方

続縄文期の石製小玉　北海道大学埋蔵文化財調査室が発掘を進めていた同大構内の通称ポプラ並木東地区遺跡から続縄文時代末期（5世紀代）の石製小玉733点とガラス玉3点が発見された。副葬品は，7基の墓壙と2基のピットからなる共同墓地から出土したもので，墓壙は長径1.2m，短径90cm，深さ60cmの楕円形2基と，直径30cm，深さ60cmの円形5基。このうち2基の楕円形墓壙から石製小玉，1墓の墓壙からガラス玉がみつかった。石製小玉は長さ1〜2mm，直径2〜2.5mmで，穿孔された異常に小さいもので，他に類例はない。墓壙内に分散していて，壊してバラまいたような状態だった。また墓地内にはたき火跡2カ所があり，動物の骨片が多数混じっていた。

──────────学会・研究会ほか

国史跡に新しく5件指定　文化財保護審議会（小林行雄会長）は10月26日，新たに国の史跡に5件を指定するよう森文部大臣に答申した。今回の指定が決定すると国の史跡名勝天然記念物は2,380件となる。
○対馬藩主宗家墓所（長崎県下県郡厳原町）　対馬を支配した宗家の歴代藩主を中心とした墓所で，江戸時代の大名墓所の代表的なもの。
○大野台支石墓群（長崎県北松浦郡鹿町町）　縄文時代末期から弥生時代前期へかけての共同墓地で

朝鮮半島との交流が認められる。
○石塚山古墳（福岡県京都郡苅田町）　全長110mの前方後円墳で前方に比定され，墳丘は三段築成。
○方保田東原遺跡（熊本県山鹿市方保田）　弥生時代後期から古墳時代前期にかけての大集落と墓地の遺跡。
○門田貝塚（岡山県邑久郡邑久町）弥生時代の貝塚を伴う集落遺跡。

日本考古学協会昭和59年度大会　11月10日・11日・12日の3日間，甲府市・山梨学院大学を会場に開催された。第1日目は午後より近藤義郎岡山大学教授による公開講演会「『古墳』と『古墳時代』」が演ぜられ，その後第2日目午後までシンポジウム「縄文集落の変遷」が開かれた。司会は後藤和民，小林達雄，鈴木公雄，戸沢充則の諸氏。

＜研究発表＞
山梨県における縄文集落の変遷…末木　健・小野正文・新津　健
長野県における縄文集落の変遷…………………長崎元廣・宮下健司
静岡県における縄文集落の変遷…………瀬川裕市郎・平野吾郎
神奈川県における縄文集落の変遷…………………………鈴木保彦
　　　　　　山本暉久・戸田哲也
東京都における縄文時代集落の変遷…………土井義夫・新藤康夫
埼玉県における縄文集落の変遷…………梅沢太久夫・宮崎朝雄
群馬県における縄文時代集落の研究………能登　健・石坂　茂
＜ディスカッション＞
コメンテイターは林謙作，春成秀爾の両氏
　また最終日には姥塚古墳，丸山塚古墳，甲斐国分寺跡，釈迦堂整理室，山梨県埋蔵文化財センターなどの見学会が開催された。なお，本年春の総会は東京・日本大学文理学部にて開かれる予定。

登呂遺跡シンポジウム　登呂遺

跡発見40周年を記念するシンポジウムが11月10日，11日の両日，登呂遺跡シンポジウム実行委員会・静岡市・静岡市教育委員会の主催で静岡県総合社会福祉会館を会場に開催された。
＜シンポジウム基調報告＞
　登呂の考古学─関東地方の水田遺構を考えながら─……大塚初重
イネと日本人─稲作文化と非稲作文化の間─………佐々木高明
弥生時代と倭人文化…森　浩一
アジアの古代稲作と日本
　　　　　　　　……渡部忠世
登呂遺跡出土の稲作の道具
　　　　　　　………木下　忠
古代の水田耕作と技術
　　　　　　　………八賀　晋
稲作の神話…………大林太良
登呂遺跡と織物文化…布目順郎
＜シンポジウム＞
　森　浩一・大林太良氏司会
　向坂鋼二・野本寛一・中野　宥・辰巳和弘氏発表

出雲シンポジウム　岡田山1号墳出土の銘文大刀や荒神谷遺跡出土の銅剣で注目されている出雲で10月29日，シンポジウム「古代出雲王権は存在したか」が開催された（松江市・島根県民会館）。司会は松本清張氏，パネリストは門脇禎二，近藤喬一，佐原真，速水保孝の各氏。

　　　　　　◇　　　　◇

鏡山　猛氏　昭和59年10月24日肺炎のため福岡市西区徳永の自宅で逝去された。76歳。九州大学名誉教授，世界学習館館長。明治41年福岡県生まれ。九州大学法文学部卒業。九州考古学界の最長老で九州考古学会の結成や九州大学考古学研究室の創設に力を尽くし，九州大学退官後は九州歴史資料館館長をつとめた。著書に『怡土城址の調査』1936，『大宰府都城の研究』1967，『九州考古論攷』1972，『大宰府遺跡』1979など。

■第11号予告■

特集　動物の骨が語る世界

1985年 4 月 25 日発売
総 108 頁　　1,500 円

動物遺存体と考古学……………………金子浩昌
古代人と動物
　　古代人と狩猟鳥獣……………………宇田川竜男
　　北海道におけるオットセイ猟の系譜
　　　　　　　　　　……………金子浩昌・西本豊弘
　　仙台湾沿岸の貝塚と動物………………後藤勝彦
　　相模湾のイルカ猟…栗野克己・永浜真理子
　　中部山岳地帯の動物……………………宮尾嶽雄
　　西海・五島列島をめぐる漁撈活動
　　　　　　　　　　……………………………安楽　勉
　　鹿児島県下の漁撈活動
　　　　　　　　　　……………河口貞徳・西中川　駿
　　動物と儀礼……………………………土肥　孝
　中・近世考古学と動物
　　鎌倉・江戸から出土した動物……金子浩昌

沖縄グスク時代の文化と動物……安里嗣淳
＜コラム＞
　貝塚の調査と季節性………………中村若枝
　動物遺存体の取り扱い方と保存処置
　　　　　　　　　　…………………………宮沢健二
　北海道イノシシにみる家畜化の問題
　　　　　　　　　　…………………………西本豊弘
　獣魚骨遺存体の観察と統計処理
　　　　　　　　　　…………………………丹羽百合子

＜講　　座＞　古墳時代史10………石野博信
＜講　　座＞　考古学と周辺科学 7 ―動物学
　　　　　　　　　　…………………………粕谷俊雄
＜調査報告＞　＜書　　評＞　＜論文展望＞
＜文献解題＞　＜学界動向＞

編集室より

◆古墳時代は大和朝廷成立の諸問題とからんで，日本史のなかではことに注目すべき時代ともいえようか。文献史学の対応できる世界でもあり，歴史時代の幕明けとして興味津々といったところであろう。しかし翻って，古墳に代表される文化の成立や伝承を考えるとき，実際の遺跡や遺物の物語る世界ほど説得力に満ちたものはない。

　本号では古墳そのものの変化や伝播の解明に焦点をあてた。それも克明に図表をもってこれを鳥瞰できるようにした。文化の拡張の時間的推移や地域文化の特色も，これによって明確になると考えられる。（芳賀）

◆古墳編年の研究はもっとも基本的な問題であり，常にゆり動くものとみてよい。数十万基ある日本の古墳の中でもはっきり何年ごろに造られたといえるのがわずか 4，5 基であり，しかもそれすら全く疑問がないわけではないという。韓国の武寧王陵のように墓誌を伴っておれば別だが，そうしたものが今後とも発見されないとなると，非常にむつかしくなる。しかし，実年代に少しでも近づこうとしたのが今回の編年表である。全国を一度に見渡すことによって多くの研究課題が生まれよう。　（宮島）

本号の編集協力者――石野博信（橿原考古学研究所部長）1933 年宮城県生まれ，関西大学大学院修了。「纒向」「大和平野東南部における前期古墳群の成立過程と構成」（日本史論叢）「四・五世紀の祭祀形態と王権の伸張」（ヒストリア，75）「古墳文化出現期の具体相」（考古学論叢）などの著書・論文がある。

■ 本号の表紙 ■

福岡県岩戸山古墳

　福岡県八女市にある全長 135m の前方後円墳で，後円部の外堤に別区が設けられており，墳頂部・くびれ部と別区から多くの石人・石馬類が検出されている。

　森貞次郎氏によって，筑後国風土記にいうところの「筑紫君磐井の墓墳」であることが検証され，数十万基のわが国の古墳の中で，被葬者と実年代のわかる数少ない古墳の一つとされている。

　筑紫国造の磐井は，継体天皇 21・22（527・8）年に大和政権と戦い敗れた，という。大和政権との戦機をうかがっていた（継体紀）と言われる磐井が，生前に墓（前方後円墳）を築造していた（風土記）ということは，大和政権が服属の証として前方後円墳の築造を承認したという考え方と矛盾をきたす。　（石野博信）

▶本誌直接購読のご案内◀

　『季刊考古学』は一般書店の店頭で販売しております。なるべくお近くの書店で予約購読なさることをおすすめしますが，とくに手に入りにくいときには当社へ直接お申し込み下さい。その場合，1 年分 6,000 円（4 冊，送料は当社負担）を郵便振替（東京 3-1685）または現金書留にて，住所，氏名および『季刊考古学』第何号より第何号までと明記の上当社営業部までご送金下さい。

季刊 考古学　第10号

1985年 2 月 1 日発行

ARCHAEOLOGY QUARTERLY　　定価 1,500 円

編集人　芳賀章内
発行人　長坂一雄
印刷所　新日本印刷株式会社
発行所　雄山閣出版株式会社
　　　　〒102　東京都千代田区富士見 2-6-9
　　　　電話　03-262-3231　振替　東京 3-1685

◆本誌記事の無断転載は固くおことわりします。
ISBN 4-639-00444-3　printed in Japan

季刊 考古学 オンデマンド版　第 10 号　1985 年 2 月 1 日　初版発行
ARCHAEOROGY　QUARTERLY　　　　　2018 年 6 月 10 日　オンデマンド版発行

定価（本体 2,400 円＋税）

編集人　　芳賀章内
発行人　　宮田哲男
印刷所　　石川特殊特急製本株式会社
発行所　　株式会社　雄山閣　http://www.yuzankaku.co.jp
　　　　　〒 102-0071　東京都千代田区富士見 2-6-9
　　　　　電話 03-3262-3231　FAX 03-3262-6938　振替　00130-5-1685

◆本誌記事の無断転載は固くおことわりします　　ISBN 978-4-639-13010-9　Printed in Japan

初期バックナンバー、待望の復刻 !!
季刊 考古学 OD　創刊号〜第 50 号〈第一期〉
全 50 冊セット定価（本体 120,000 円＋税）　セット ISBN：978-4-639-10532-9
各巻分売可　各巻定価（本体 2,400 円＋税）

号　数	刊行年	特集名	編　者	ISBN（978-4-639-）
創刊号	1982 年 10 月	縄文人は何を食べたか	渡辺 誠	13001-7
第 2 号	1983 年 1 月	神々と仏を考古学する	坂詰 秀一	13002-4
第 3 号	1983 年 4 月	古墳の謎を解剖する	大塚 初重	13003-1
第 4 号	1983 年 7 月	日本旧石器人の生活と技術	加藤 晋平	13004-8
第 5 号	1983 年 10 月	装身の考古学	町田 章・春成秀爾	13005-5
第 6 号	1984 年 1 月	邪馬台国を考古学する	西谷 正	13006-2
第 7 号	1984 年 4 月	縄文人のムラとくらし	林 謙作	13007-9
第 8 号	1984 年 7 月	古代日本の鉄を科学する	佐々木 稔	13008-6
第 9 号	1984 年 10 月	墳墓の形態とその思想	坂詰 秀一	13009-3
第 10 号	1985 年 1 月	古墳の編年を総括する	石野 博信	13010-9
第 11 号	1985 年 4 月	動物の骨が語る世界	金子 浩昌	13011-6
第 12 号	1985 年 7 月	縄文時代のものと文化の交流	戸沢 充則	13012-3
第 13 号	1985 年 10 月	江戸時代を掘る	加藤 晋平・古泉 弘	13013-0
第 14 号	1986 年 1 月	弥生人は何を食べたか	甲元 真之	13014-7
第 15 号	1986 年 4 月	日本海をめぐる環境と考古学	安田 喜憲	13015-4
第 16 号	1986 年 7 月	古墳時代の社会と変革	岩崎 卓也	13016-1
第 17 号	1986 年 10 月	縄文土器の編年	小林 達雄	13017-8
第 18 号	1987 年 1 月	考古学と出土文字	坂詰 秀一	13018-5
第 19 号	1987 年 4 月	弥生土器は語る	工楽 善通	13019-2
第 20 号	1987 年 7 月	埴輪をめぐる古墳社会	水野 正好	13020-8
第 21 号	1987 年 10 月	縄文文化の地域性	林 謙作	13021-5
第 22 号	1988 年 1 月	古代の都城―飛鳥から平安京まで	町田 章	13022-2
第 23 号	1988 年 4 月	縄文と弥生を比較する	乙益 重隆	13023-9
第 24 号	1988 年 7 月	土器からよむ古墳社会	中村 浩・望月幹夫	13024-6
第 25 号	1988 年 10 月	縄文・弥生の漁撈文化	渡辺 誠	13025-3
第 26 号	1989 年 1 月	戦国考古学のイメージ	坂詰 秀一	13026-0
第 27 号	1989 年 4 月	青銅器と弥生社会	西谷 正	13027-7
第 28 号	1989 年 7 月	古墳には何が副葬されたか	泉森 皎	13028-4
第 29 号	1989 年 10 月	旧石器時代の東アジアと日本	加藤 晋平	13029-1
第 30 号	1990 年 1 月	縄文土偶の世界	小林 達雄	13030-7
第 31 号	1990 年 4 月	環濠集落とクニのおこり	原口 正三	13031-4
第 32 号	1990 年 7 月	古代の住居―縄文から古墳へ	宮本 長二郎・工楽 善通	13032-1
第 33 号	1990 年 10 月	古墳時代の日本と中国・朝鮮	岩崎 卓也・中山 清隆	13033-8
第 34 号	1991 年 1 月	古代仏教の考古学	坂詰 秀一・森 郁夫	13034-5
第 35 号	1991 年 4 月	石器と人類の歴史	戸沢 充則	13035-2
第 36 号	1991 年 7 月	古代の豪族居館	小笠原 好彦・阿部 義平	13036-9
第 37 号	1991 年 10 月	稲作農耕と弥生文化	工楽 善通	13037-6
第 38 号	1992 年 1 月	アジアのなかの縄文文化	西谷 正・木村 幾多郎	13038-3
第 39 号	1992 年 4 月	中世を考古学する	坂詰 秀一	13039-0
第 40 号	1992 年 7 月	古墳の形の謎を解く	石野 博信	13040-6
第 41 号	1992 年 10 月	貝塚が語る縄文文化	岡村 道雄	13041-3
第 42 号	1993 年 1 月	須恵器の編年とその時代	中村 浩	13042-0
第 43 号	1993 年 4 月	鏡の語る古代史	高倉 洋彰・車崎 正彦	13043-7
第 44 号	1993 年 7 月	縄文時代の家と集落	小林 達雄	13044-4
第 45 号	1993 年 10 月	横穴式石室の世界	河上 邦彦	13045-1
第 46 号	1994 年 1 月	古代の道と考古学	木下 良・坂詰 秀一	13046-8
第 47 号	1994 年 4 月	先史時代の木工文化	工楽 善通・黒崎 直	13047-5
第 48 号	1994 年 7 月	縄文社会と土器	小林 達雄	13048-2
第 49 号	1994 年 10 月	平安京跡発掘	江谷 寛・坂詰 秀一	13049-9
第 50 号	1995 年 1 月	縄文時代の新展開	渡辺 誠	13050-5

※「季刊 考古学 OD」は初版を底本とし、広告頁のみを除いてその他は原本そのままに復刻しております。初版との内容の差違は
　ございません。
　「季刊考古学　OD」は全国の一般書店にて販売しております。なるべくお近くの書店でご注文なさることをおすすめしますが、とくに手に入り
にくいときには当社へ直接お申込みください。